가해자 가족

加害者家族

copyright © Suzuki Nobumoto, 2010
All right reserved

Korean translation copyright © 2014 by SOMENSUM
Korean translation rights arranged with GENTOSHA PUBLISHING Co., Ltd.,
through KCC

이 책의 한국어판 저작권은 (주)한국저작권센터(KCC)를 통해
(株)'幻冬舍'와 독점 계약한 '섬앤섬' 출판사가 소유합니다.
저작권법에 따라 보호를 받는 저작물이므로
무단 전재와 복제를 금합니다.

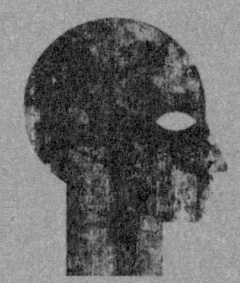

공동 책임자인가 또 다른 피해자인가

스즈키 노부모토 지음　한진여 옮김

가해자 가족

섬앤섬

머리말

2009년도 일본 《범죄백서犯罪白書》에 따르면 2008년 1년 동안 경찰이 범죄로 분류 집계한 사건은 253만 3,351건이다. 이들 범죄사건의 주요 죄명은 다음과 같다. 각각의 범죄 건수는 미수未遂에 그친 사건도 포함한 수치이다.

살인 1,297건

강도 4,278건

상해 2만 8,291건

폭행 3만 1,641건

사기 6만 4,427건

강간 1,582건

강제추행 7,111건

자동차운전과실치사상 등 71만 4,977건

이러한 범죄로 인해 피해자뿐만 아니라 피해자의 가족까지 매스컴의 취재공격으로 인해 2차 피해를 받는 경우가 많다.

한편, 이러한 범죄 사건의 수만큼 피해자 가족뿐만 아니라 가해자 가족도 존재하고 있다는 것을 우리는 대부분 잊고 있다. 누구나 '나는 가해자가 아니다'라고 생각하겠지만, 가해자가 아니더라도 가족 가운데 누군가가 범죄를 저지르면 그 순간 가해자 가족이 되고 마는 것이다.

자식이 범죄를 저지른 부모, 남편이나 부인이 범죄를 저지르거나 아버지나 어머니가 범죄를 저지른 경우, 심지어 범죄를 저지른 사람의 친척까지 가해자 가족에 포함된다는 점을 고려하면 하나의 범죄 사건에는 실로 많은 사람이 연루된다.

가해자 가족은 가해자 못지않게 사회적으로 궁지에 몰리게 된다. 가족 가운데 한 사람이 범죄자가 되면 남은 가족은 직장을 잃기도 하고, 이웃의 시선이 무서워 수없이 이사를 다니거나 아이들을 몇 번씩 전학시키는 등 평범한 사회생활을 이어갈 수가 없다. 그뿐이 아니다. 하루 종일 전화벨이 울려대고, 인터넷을 통해 주소와 근무지 등 개인정보가 무차별적으로 폭로되기도 한다. 집 담벼락에 살인자의 집이라는 낙서가 생기는 등 세상 사람들로부터 상상하기 힘든 비방과 야유가 쏟아진다.

가혹한 현실을 견디지 못하고 자살하는 가해자 가족도 많다. 실제로 여아 연쇄 유괴살인범인 사형수 미야자키 쯔토무의 부친은 타마가와 강에서 몸을 던졌다. 피해자 가족의 비탄과 고뇌는 감히 헤아리기 힘들지만 가해자의 가족 역시 인생이 나락으로 떨어져 이전의 평온한 나날로 돌아갈 수 없게 된다. 아직도 기억에 생생하게 남아 있는 범죄 사건들 예를 들면, 14세 중학생이 아동 두 명을 살해하고 세 명에게 중경상을 입힌 고베 연쇄아동살해사건, 중학교 1학년 남학생이 4세의 남자 아이를 살해한 나가사키 남아유괴살인사건, 하타케야마 스즈카가 범인이었던 아키타 연쇄아동살해사건 등의 가해자 가족은 가족의 범죄를 어떻게 받아들였으며, 어떻게 살아가고 있을까?

이 책은 지금껏 전혀 조명 받지 못했던 가해자 가족의 고통과 실상에 초점을 맞추고, 그들이 마음 깊이 지고 가는 십자가의 무거움과 속죄의 고통 등을 살펴보고자 한다.

머리말·4

1장 행복했던 가정이 어느 날 갑자기 무너졌다

경찰서에서 갑자기 걸려온 전화 한 통·15 / 믿기지 않는 남편의 고백·17 / 남편의 체포와 언론 보도·19 / 자택을 둘러싼 방송국 중계차·22 / 입을 다문 가해자 가족·24 / 뉴스가 무섭다·26 / 매스컴의 공세에 분노한 주민들·27 / 직장에서 대면한 기자·31 / 범인의 부인에게도 책임이 있는 것일까·33 / 변호사를 어떻게 구할까·35 / '살인자의 집'·38 / '자식도 죽여버리자'·40 / 학교의 냉담한 반응·42 / 한밤중, 교정에서의 '이별'·44 / 전학을 가도 불안은 사라지지 않는다·46 / 가해자 가족은 이렇게 고립된다·49 / 세상 모르고 지내는 교도소의 남편·51 / 가해자 가족의 대출 생활·55 / 아이 때문에 살아간다·57

2장 가해자 가족이 겪는 다양한 사례

여아유괴 연쇄살인사건 ① 증언자·63 / 여아유괴 연쇄살인사건 ② 체포 통지·65 / 여아유괴 연쇄살인사건 ③ 초췌해진 부친·68 / 여아유괴 연쇄살인사건 ④ 친척에게 끼치는 영향·71 / 여아유괴 연쇄살인사건 ⑤ 부친의 자살·73 /

고베 연쇄 아동살상사건 _ 피해자의 이름도 모르는 가해자 부친·76 / 와카야마 독 카레 사건 ① 낙서·80 / 와카야마 독 카레 사건 ② 방화·83 / 5천만 엔 갈취 사건 ① 부친의 직장에서·85 / 5천만 엔 갈취 사건 ② 누이에 대한 공격·87 / 나가사키 남아유괴 살인사건 ① 부모도 참형에·89 / 나가사키 남아유괴 살인사건 ② 파문의 확산·92 / 지하철 독가스 사건 ① 이중의 고통·94 / 지하철 독가스 사건 ② 넷째 딸의 고백·96 / 지하철 독가스 사건 ③ 매스컴에 의한 누명·99 / 야마나시 유아유괴 살인사건·102 / 나고야 여대생 납치살인사건·104 / 무죄가 밝혀져도 인생은 끝장난다·107 / 아키타 연쇄 아동살해사건·109 / 교통사고로 인한 비극 ① 자살한 가해자 가족·112 / 교통사고로 인한 비극 ② 오빠의 죄를 뒤집어 쓴 동생·114 / 교통사고로 인한 비극 ③ 시청에 쇄도한 비난·116 / 조류 인플루엔자 _ 농장 주인의 비극·118 / 가해자 가족에 대한 최초의 전국 조사·121 / 이중의 고통 '가족 내 살인'·123

3장 사이버 세계에서 행해지는 폭력

고양이 학대사건 ① 인터넷의 위협·129 / 고양이 학대사건 ② 개인정보의 유출·131 / 고베 연쇄아동살상사건 _ 사이버 폭력의 등장·133 / 영국인 여성 살해사건의 피고인 가족·136 / 가해자 가족의 옷차림새에도 비난 쇄도·139 / 고서전 주인이 직면한 이상한 사회·141 / 2채널의 '신神'들 143 / 법무성 인권옹호국 데이터로 알 수 있는 것·146 / 블로그 등 사적공간에서 행해지는 공격에 대한 대법원의 판결·148

4장 가해자 가족을 둘러싼 사회

책임을 회피하는 부모들·155 / 대부분은 부모에게 책임이 있다·157 / 비난과 공감의 경계·159 / 자녀가 가해자가 되기 전에 보내는 신호 ①·161 / 자녀가 가해자가 되기 전에 보내는 신호 ②·163 / 자녀가 가해자가 되기 전에 보내는 신호 ③·166 / 바늘 도둑이 소도둑 된다·168 / 자녀가 가해자가 되기 전에 보내는 신호 ④·171 / '세상'의 공포·173 / 일본 사회에 잠재된 보이지 않는 손, '무라샤카이'·176 / 피해자도 공격당한다·179 / 불안한 범죄 사회·181 / 가해자 가족을 취재한 기자의 고뇌·184 / 위험한 발상, 보도규제론·186 / 억울한 죄일지라도 가족은 괴롭다·189

5장 가해자 가족에게 필요한 것들

영국의 가해자 가족 지원 조직·195 / 가해자 자녀들과 마주하다·197 / 가해자의 자녀들이 함께 만나는 오스트레일리아·199 / 미국의 가해자 가족 ① 놀라운 사실·202 / 미국의 가해자 가족 ② 수감자에게 '가족'의 의미를 알려준다·204 / 일본의 가해자 가족 ① NPO 설립·206 / 일본의 가해자 가족 ② 출발점은 피해자 지원·209 / 일본의 가해자 가족 ③ 지원의 어려움·211 / 갱생론과 복지론·213 / 범죄와 사회적 유대이론·215 / 피해자 지원으로 본 가해자 가족·217

맺는말·220

I

행복했던 가정이
어느 날 갑자기 무너졌다

경찰서에서 갑자기
걸려온 전화 한 통

어느 면으로 보나 지극히 평범한 가정이었다.

30대 후반에 접어든 아사 요코(가명)는 연하의 남편과 초등학교에 다니는 아들과 함께 살아가고 있었다. 요코는 택시 회사에서 사무직으로 일을 했고, 남편은 부친이 경영하는 조그만 공장에서 일을 하는 맞벌이 부부였다. 남편은 큰소리라고는 거의 내지 않을 정도로 온화한 성격의 소유자였다. 아들 유타(가명)는 주말이 되면 지역의 소년 축구클럽에 다닐 정도로 축구를 좋아했다.

맞벌이 부부여서 평일에는 학교가 끝나면 아들을 학교 보육센터에 맡겼다. 직장 일과 가사 일의 병행으로 날마다 정신없이 바빴지만 큰 불만 없이 성실하게 하루하루를 보냈다. 그러나 이 평범한 생활은 아무런 사전 예고도 없이 어느 날 갑자기 무너져버렸다.

2006년 2월, 차가운 냉기가 살을 에는 겨울 저녁이었다.

저녁 준비를 시작했을 무렵 전화가 울렸다. 요코가 전화를 받자 수화기 너머에서 한 남자가 경찰이라고 자기 이름을 밝히면서 남편과 통화하고 싶다고 했다. 요코는 이상하다는 듯이 남편의 얼굴을 쳐다보았고, 남편도 의아하다는 표정으로 수화기를 집어 들었다.

전화 통화는 짧게 끝났다. 전화를 끊은 남편은 "무언가 이야기를 듣고 싶은 게 있다고 해서 잠깐 경찰서에 다녀와야겠어."라고 말하고 외출했다. 요코는 이 말을 들으면서도 남편이 무슨 사건을 저질렀을 거라는 생각은 상상조차 하지 않았다. 그날 밤 늦게 돌아온 남편은 "뭐, 괜찮아."라고 말했다. 평소 말수가 적은 남편이어서 요코는 남편의 이 별 말 없음에 크게 개의치 않았다.

하지만 남편의 참고인 조사는 한 번으로 끝나지 않았다. 다음날도 그 다음날도 경찰에 호출되었다. 요코가 걱정이 되어 물어보아도 남편은 "괜찮아."라고만 이야기하고 그 이상은 말하려 하지 않았다.

남편의 참고인 조사가 사흘째 계속되자 요코는 불안한 마음을 억누를 수 없었다. 남편이 집을 비운 틈을 타 요코는 거실에 쌓여 있던 신문을 꺼내 작은 사건기사들을 눈으로 훑어 내려갔다. 지역에서 일어난 사건 가운데 아직 용의자가 체포되지 않은 사건에 대한 기사가 있지 않을까 하는 생각이 들어서였다.

그러다가 한 작은 기사에 눈길이 멈추었다. 이웃마을에서 일어난 살인사건에 대한 기사였다. 용의자는 아직 찾지 못했으며, 경찰이 수사를 진행하고 있다고 보도하고 있었다.

그날 밤 요코는 남편을 데리러 온 경찰관에게 용기를 내어 질문했다.

"잠시만요, 혹시 제 남편이 이 사건과 관련해서 조사를 받고 있는 것인가요?"

"미안합니다만 아직 수사 중이어서 상세한 것을 말씀드릴 수 없습니다."

무표정한 경찰관은 어딘가 냉랭한 말투였다. 요코는 남편이 이 사건에 관련이 있다는 것을 직감으로 알 수 있었다.

믿기지 않는 남편의 고백

요코는 이후 이틀 내내 사건과 남편의 관계에 대해 줄곧 생각했다. 남편은 이 살인사건과 관련된 조사를 받고 있는 것이 틀림없었다. 그러나 피해자와 남편 간에 아무런 접점이 없어서, 남편이 그 사람을 죽였다는 것을 도무지 믿을 수 없었다. 누군가와 상의를 하고 싶었지만 남편은 임의동행으로 참고인 조사를 받고 있을 뿐이어서 용의자도 아니기 때문에 아직 그럴 단계가 아니라고 생각했다.

며칠 후 참고인 조사를 마치고 집에 돌아온 남편에게 "혹시 그 사건인가요?"라고 물어보았다. 남편은 솔직하게 인정하면서,

"나는 관계가 없기 때문에 괜찮아."라고 말했다. 하지만 그 말을 그대로 믿고 싶어도 그럴 수가 없었다.

회사에서 일을 하는 중에도 요코의 머릿속에는 남편의 일이 자꾸만 떠올랐다. 신경이 쓰여서 일을 할 수 없었던 요코는 다시 신문기사를 찾아보았다. 기사에는 범행이 일어났던 시간이 나와 있었다. 그 시간에 남편이 무엇을 하고 있었는지 기억해보았다.

그 순간, 요코는 '앗' 하는 탄식을 했다. 사건이 일어난 그 시간대는 주말이었음에도 불구하고 남편이 외출 중이었던 것이다.

신문에 나와 있는 피해자의 사망 추정 시각은 일요일 저녁이었다. 그날 남편은 가까운 거래처에 제품을 배달하기 위해 낮에 외출했다. 가끔 주말에도 거래처에 가는 적이 있었는데, 그날 남편은 밤이 되어 귀가했다. 거래처는 가까운데 꽤 시간이 걸려 이상한 생각이 들었던 기억이 났다. 요코는 전율을 느꼈다. 남편이 살인사건의 범인일지도 모른다니…….

그 후로도 경찰의 조사는 계속되었다. 참고인 조사가 장기화되자 요코의 마음속에는 남편에 대한 의혹이 커져갔다. 혹시 남편이 범인은 아닐까? 아니야, 참고인 조사에 시간이 이렇게 걸리는 것을 보면 의혹을 없애기 위해 남편이 힘들게 싸우고 있기 때문일지도 모른다. 안 돼, 그렇다고 하더라도…….

남편이 처음 임의동행 후 참고인 조사를 받던 날로부터 10일째, 불안이 정점을 치달을 무렵 회사에서 일을 하고 있는 요코에게 경찰서에서 전화가 왔다.

"남편 분이 부인에게 할 말이 있다고 합니다. 업무 중에 방해가 되어 죄송하지만, 지금 경찰차로 일하시는 회사 근처로 갈 테니 회사 밖으로 잠시만 나와 주시겠습니까?"

무슨 일인지 알 수는 없었지만 사태가 심상치 않게 돌아가고 있다는 것만은 이해할 수 있었다.

회사에서 조금 떨어진 좁은 골목길에서 기다리고 있자 평범해 보이는 승용차 한 대가 도착했다. 요코가 뒷좌석에 올라타자, 남편이 고개를 숙이고 앉아 있다가 경찰관에게 말했다.

"미안함…… 이 사건, 내가 그랬습니다."

순간 요코의 얼굴은 창백해졌다. 머리가 어질어질하고 아무 말도 생각나지 않았다. 남편은 "미안…… 정말 미안하오."라고 말하고 아무 말 없이 고개를 숙였다.

남편의 체포와
언론 보도

남편이 자백한 그날, 요코는 경찰의 권유대로 집으로 돌아왔지만 한숨도 잠을 잘 수 없었다.

남편이 말했던 것은 정말일까. 정말이라면 이제부터 일이 어떻게 되어가는 것일까. 아들 유타는 괜찮을까. 온갖 불안한 생각이 머리를 채웠다. 그러나 아직 누구와도 상의할 수 없었다.

다음날 아침, 아들 유타는 아버지가 집에 들어오지 않은 것을 알아차리고 요코에게 물어보았다.

"아빠는 일이 조금 바빠. 출장을 가셨는데 꽤 오래 걸릴 거야. 당분간은 집에 돌아오지 않을지도 몰라."

입에서 나오는 대로 둘러대고는 평소대로 등교하는 아들을 배웅해주었다. 그러고는 이제부터 어떻게 하면 좋을지 아무리 머리를 짜내 봐도 도무지 생각이 떠오르지 않았다. 요코는 자신도 모르게 평소처럼 회사로 향했다.

그날 오후, 경찰에서 다시 전화가 왔다.

"지금부터 두세 시간 후에 남편 분의 구속영장이 발부되고, 언론보도도 나갈 겁니다."

남편이 자백한 것은 사실이었다. 경찰은 담담하게 계속 말을 이어갔다.

"사건의 성격상, 매스컴에서는 있는 그대로 보도할 겁니다. 집 주위에 취재진이 몰려들 테니 가능한 한 빨리 아들을 데리고 당분간 집을 떠나세요. 아이가 이 일에 연루되면 가엾잖아요."

요코는 급히 회사를 조퇴했다. 차를 몰고 집으로 돌아가는 도중, 고등학교 때부터 단짝 친구인 A에게 전화를 걸었다. 간단히 사정을 설명했더니 유타를 잠시 맡아주기로 했다.

요코가 어린 시절 부모는 이혼을 했다. 그후 두 분 모두 돌아가셨기 때문에 의지할 수 있는 사람이라고는 친구 A뿐이었다.

요코는 학교 보육센터에 있던 유타를 데리러 갔다. 유타는 엄마가 일찍 데리러 온 것을 보고 마냥 즐거워했다. 유타를 차에 태운 다음 "엄마도 일이 바빠서 유타는 잠시 A 아줌마 집에 가 있어야 되는데, 괜찮지? 일이 해결되는 대로 바로 데리러 갈 거야."라고 말했다. 유타는 이상하다는 표정을 지었지만, 엄마의 말에서 느껴지는 무거운 분위기 때문에 가타부타 말을 못하고 받아들였다.

집에 도착하자마자 요코는 며칠 입을 옷만을 급히 가방에 챙긴 다음 곧바로 차에 올라 집을 떠났다. 차가 향한 곳은 근처에 살고 있는 친구 A의 집이었다. 일을 마치고 막 귀가한 A는 집에서 요코를 기다리고 있었다.

요코는 "남편이 무슨 일을 저지른 것 같아. 아직 나도 자세히는 알지 못하는데, 잠시 유타를 맡아주면 좋겠어……." 하자 A는 "그래, 잠시 데리고 있을 테니 너무 걱정 마."라고 답했다. "내일 신문에 사건에 대한 기사가 나올 거야. 아직 나도 정확히 알지 못해서 너에게 설명해줄 수도 없어."라고 말하는 요코에게 A는 더 이상 물어보지 않았다.

자택을 둘러싼
방송국 중계차

　A의 집을 나와서 요코는 회사에 전화를 걸어 사장에게 사건을 간략하게 말한 다음, 당분간 회사 숙직실에서 지내게 해달라고 부탁했다. 사장은 "곤란한 일이 있으면 언제든지 말하세요."라고 흔쾌히 승낙해주었다. 이 말을 듣고 요코는 자신도 모르게 눈물이 흘러내렸다.
　회사를 향해 차를 몰기 시작한 요코는 곧 유타의 보험증을 잊고 왔다는 것을 깨달았다. 당분간 집에 들어가지 못할 가능성이 많기 때문에 생각난 김에 보험증을 가지고 오는 것이 좋겠다고 생각하고 급히 차를 집으로 돌렸다.
　집 앞에 있는 좁은 골목길로 막 들어섰을 때 요코는 무언가 평소와는 다르다는 것을 느꼈다. 저녁 7시 무렵이어서 밖이 이미 어두컴컴했지만 길 끝에 있는 자신의 집 근처만 이상하게 밝았다.
　요코는 차를 세우고서 자세히 살펴보았다.
　집 바로 앞에 있는 공터에 방송국의 중계차 몇 대가 번쩍거리는 조명을 내뿜으면서 서 있었다. 자택 근처에는 사람이 많이 모여 있었고, 가끔 플래시가 터져 마치 영화를 보고 있는 것처럼 느껴졌다. 그러나 이것은 현실이었다. 경찰관이 말했던 것처럼 집 가까이에 가는 것은 불가능했다.

요코는 사람들이 눈치 채지 못하게 차를 천천히 뒤로 돌려 집을 떠났다. 일단 회사로 차를 몰아 숙직실에 갈아입을 옷 등의 짐을 갖다 놓았다. 회사에서 몇 시간을 보낸 요코는 한밤중이 되어 다시 집을 향했다. 집에 두고 온 유타의 보험증을 가져오는 게 좋을 것 같았다. 이렇게 늦은 시간이라면 취재기자들이 없을 거라고 생각했다.

집 근처까지 갔을 때 시계는 12시를 가리키고 있었다.

골목길에 들어서자 저녁에 들렀을 때처럼 밝지는 않았다. 취재기자들이 돌아갔다고 생각한 요코는 차의 속도를 낮추어 집을 향했다.

집 앞 공터 근처에 이르렀을 때이다. 이 시간에는 거의 사람이 없는 곳이었는데, 방송국 중계차와 취재 차량들이 정차해 있었고 사람들의 모습도 보였다. 요코는 깜짝 놀랐다. 이렇게 감시당하는 와중에 집 근처에 갈 수는 없었다.

남편이 체포되던 날은 이렇게 정신없이 지나갔다.

자신이 알지도 못하는 가운데 사건이 일어났지만, 요코는 어느 때부터인가 살인자 측의 가족, 즉 가해자 가족이 되어 있었다.

입을 다문
가해자 가족

도호쿠 지방에 있는 한 회의실에서 요코를 취재차 처음 만난 것은 2010년 2월. 사건이 일어난 후 4년이 지난 시점이었다.

요코와 만나기 전까지 몇몇 가해자 가족에게 직접 편지를 보내기도 하고, 변호사와 지원단체 등을 통해 취재요청을 하기도 했지만 좀처럼 취재요청에 응하는 대답은 없었다.

그러던 가운데 센다이(仙台)에서 발족한 가해자 가족 지원 시민단체인 '월드 오픈 하트World Open Heart(5장에서 상세하게 기술)를 통해 요코의 이야기를 들을 수 있었다.

요코는 스포츠 웨어를 입은 아들 유타와 함께 나왔는데, 아직 젊은 나이임에도 불구하고 흰머리가 많아 보였다.

축구를 좋아하는 유타는 발에서 축구공을 한시도 떨어뜨리지 않는 재주를 보여주었다. 듣자하니 J리그 축구 팀 가운데 유타 고향 팀의 팬이라고 했다.

"저는 축구에는 전혀 관심이 없었지만, 얼마 전 유타가 원해 함께 팬클럽에 가입했습니다."

요코는 힘없이 웃음을 지어보였다.

신중하게 사건과 관련된 일을 조금씩 말하기 시작한 요코는, 지금까지 사건에 대한 이야기는 누구에게도 한 적이 없으며, 이번 취재에 응하는 것에 대해서도 상당히 갈등이 많았다고 했다.

"어떠한 변명을 해도 내가 가해자 측의 사람이라는 사실은 변함이 없습니다. 피해를 당한 측을 생각하면, 가해자 측의 사람은 괴롭다든가 힘들다든가 하는 것을 호소할 입장이 아니라고 생각합니다."

가해자 가족이 과연 발언을 해도 좋은 것인지 자신이 없다고 했다. 취재를 위해 만났던 거의 모든 가해자 가족이 요코와 같은 생각을 했다. 웃는 것은 물론이려니와 눈물을 보이는 것도 죄스럽다고 했다.

물론 "죄를 지은 것은 본인이고, 우리들은 관계가 없다."고 말하는 가해자 가족들도 적지 않다. 청소년범죄의 가해자 부모들이 주로 그런 반응을 보이는 경우가 많은데, 가해자 가족의 그러한 태도와 말에 피해자의 분노는 더욱 커지곤 한다.

하지만 많은 가해자 가족은 자신의 가족이 범죄를 저질렀다고 하는 사실에 충격을 받고, 자책으로 인해 괴로워한다. 그리고 가해자 가족인 자신이 발언을 해서 좋을 일이 없다고 생각해 취재를 완강히 거부하는 것이다.

요코도 그러한 가해자 가족 가운데 한 사람이었다.

그럼에도 불구하고 조심스럽게 가해자 가족이 처해 있는 입장에 대해 말하는 것이 사회적으로 무언가 의미 있는 일일지도 모른다고 생각했다. 결심을 한 요코는 지난 4년간의 끔찍한 나날들에 대해 말하기 시작했다.

뉴스가 무섭다

남편이 체포되던 날부터 요코는 텔레비전과 신문을 일체 가까이 하지 않았다.

남편이 진범이 아닌 것은 아닐까, 만약 범인이라 해도 고의가 아니라 무언가 실수로 사람의 목숨을 빼앗게 된 것일지도 모른다고 사건의 진상을 의심하는 한편, 사건에 연루되고 싶지 않다는 생각도 강하게 들었다.

회사 숙직실에서 지내는 밤에는 매스컴에 노출될 일이 없었지만, 낮에 사무실에서 일을 하는 동안에는 긴장의 연속이었다. 텔레비전의 전원이 꽂혀 있으면 한 시간에 한 번은 뉴스가 보도된다. 그럴 때 요코는 몰래 자리에서 일어나 나가기도 하고, 일에 집중하려고 노력하면서 뉴스를 듣지 않으려고 애썼다.

문제는 아들 유타였다. 어른은 매스컴에 접촉하지 않으려고 노력할 수 있지만, 아이의 경우는 언제 어디서 사건을 알게 될지 알 수 없었고, 어른만큼 참을성을 기대할 수도 없었다.

요코는 유타에게 사건에 관해 한마디도 말하지 않았다. "아빠도 엄마도 일이 바빠서 잠시 집을 떠나 있어야 해."라고 유타에게 말하고 친구 A에게 맡겨두었지만, 텔레비전 뉴스 등에서 아빠가 범죄를 저지른 것을 알게 된다면 그러한 노력도 모두 물거품이 되지 않을까 걱정이 되었다.

주변상황이 조금 안정되면 모든 사실을 말해주어야 한다고 생각했다. 하지만 그 전에 다른 곳에서 왜곡된 정보를 듣고 유타가 마음에 상처를 받을까 괴로웠다. 요코는 A에게 아들이 텔레비전을 보지 못하게 해달라고 부탁했다.

요코의 요청대로 A는 집에 있는 텔레비전 콘센트를 없애버리고, 유타에게는 "텔레비전이 고장 나서 볼 수 없어요."라고 설명해주었다. 유타는 매주 빠지지 않고 보는 애니메이션 프로그램을 볼 수 없는 것이 불만이었지만 떼를 쓰지는 않았다.

매스컴의 공세에 분노한 주민들

요코의 자택을 에워싼 취재기자는 주변지역에도 밀려들었다. 체포 발표 직후부터 기자들은 용의자가 된 남편의 얼굴 사진을 구하기 위해 이웃집들을 방문했다.

일반적으로 신문과 텔레비전에 게재되는 용의자의 얼굴 사진은 경찰이 제공하는 것이 아니다. 기자들이 주변과 관계자들을 순회하는 '밀착취재' 가운데 찾아내는 것이 대부분이다. 다른 신문은 얼굴 사진과 함께 기사가 나가는데 자신이 일하는 신문에 얼굴 사진이 없다면 담당기자는 상사로부터 심한 질책을 받는다. 따라서 기자들은 사진을 손에 넣기 위해 필사적으로 매달린다.

밤늦은 시간인데도 요코의 이웃집 초인종을 누르는 기자들은 끊이지 않았다. 이웃 사람들은 남의 사정은 생각하지도 않고 늦은 시간에도 막무가내로 방문하는 기자들에게 상당히 신경이 곤두서 있었다고 한다.

이웃 사람들의 분노는 기자들뿐만 아니라 체포된 남편과 요코에게도 겨누어졌다. 도대체 그런 범죄를 저지른 인간이 나쁜 것이야, 라고.

다음날 아침, 각 신문 조간 사회면에 모두 사건 기사가 실렸다.

'살인 용의자 체포'

피해자가 사망하게 된 상황 외에도 살아생전 친분이 있던 피해자의 친구가 "범인을 용서할 수 없다."고 말한 것도 소개되었다. 용의자인 남편의 이름이 집 주소 일부와 함께 게재되고, 부인과 초등학생 아들 이렇게 셋이서 살고 있다는 것도 기사에 나왔다. 하지만 어떤 기사에도 용의자의 얼굴 사진은 없었다. 아직 어느 신문사도 남편의 얼굴 사진을 입수할 수 없었던 것이다.

이 지역에서 가장 많이 구독하는 지방신문에도 사건에 대한 상세한 기사가 실렸다. 아사노浅野 집안은 '가해자 가족'으로 단숨에 지역 사람들에게 알려졌다.

기사가 실리던 날 아침, 속보를 찾던 기자들이 찾아간 곳은 유타가 다니는 학교였다. 용의자의 자식인 유타는 학교에 등교하지 않았기 때문에 취재 대상은 유타의 같은 반 친구들이었다.

3~4개 신문사 기자가 학교 주변에 나타났다고 한다.

"유타 군의 집안 일을 알고 있나요?"

처음 보는, 모르는 어른들에게 둘러싸인 아이들은 무슨 일이 있었는지 불안했음에 틀림없다.

용의자와 관련된 정보를 얻으려고 온갖 방법을 다 쓰는 기자들의 행동은 어떤 의미에서는 당연한 것인지도 모른다. 경찰발표에만 의존하지 않고 단독 취재로 범인의 이미지 등 사건의 배경이 부각되기도 하고, 간혹 억울한 누명이 밝혀지는 일도 있으니 말이다. 하지만 이러한 취재가 관계자를 혼란시킨다는 점은 부인할 수 없다.

요코는 그러한 매스컴의 영향을 나중에야 알았다.

남편이 체포되고 며칠 지난 저녁, 요코는 이제는 기자들의 관심이 식었을 것이라고 생각하고 집으로 갔다. 텔레비전 중계차와 취재 차량은 보이지 않았다. 요코가 집으로 들어가자 이웃

집 여자가 큰소리로 말했다.

"요코 씨, 낮에는 집 가까이 오지 마세요."

"잠깐 잊은 걸 가지러 왔어요."

"그래도 기자들이 언제 나타날지 알 수 없으니까 볼일이 있을 때는 밤 늦게 오세요. 그러면 눈에 띄지 않을 거니까요."

요코는 그저 머리만 숙일 뿐이었다.

"그게, 기자가 시도 때도 없이 찾아와서는 요코 씨 남편 사진이 있는지, 가족관계는 어땠는지 따위를 물어봐서 곤란해요."

모든 것은 사건을 일으킨 자신의 가족이 나쁘다고 사죄할 뿐이었다. 이런 저런 이야기를 두서없이 나누는 가운데 몇몇 주부들이 모여들었다. 유타와 같은 반 아들을 둔 엄마들이었다.

"아이들이 학교를 오갈 때 기자들이 에워싸서 몇몇 아이들은 울었던 것 같아요. 아무것도 모르는 아이들에게 갑자기 이런저런 질문을 해서 무서웠던 거예요."

요코는 그저 머리를 숙일 수밖에 없었고, 돌아와도 예전처럼 집에서 살 수는 없다는 것을 느꼈다.

이 일이 있은 후 갈아입을 옷 따위를 가지러 집에 들러야 할 때는 반드시 자정이 넘은 시간을 택했다.

직장에서
대면한 기자

 집을 떠나 회사 숙직실에 몸을 숨긴 요코에게 매스컴이 점점 압박을 가해왔다.
 요코는 남편이 체포되고 난 다음부터는 일이 거의 손에 잡히지 않았다. "집안을 꾸려가야 하니까, 늘 하던 그대로."라는 사장의 말을 고맙게 받아들여 급히 거처를 회사 숙직실로 옮긴 상태였다.
 남편이 체포된 다음날부터 사무실 전화는 다른 때보다 더 자주 울렸다. 요코가 수화기를 들면 대개는 신문사 기자라거나 주간지 기자라고 밝히면서 "아사노 요코 씨 있습니까?"라고 물었다. 그러면 요코는 "지금 외출중이십니다."라든가 "휴가입니다."라고 말하고 전화를 끊었다. 다른 동료가 전화를 받을 때는 신경을 곤두세워 들었다가 언론사에서 온 전화면 자리에 없는 것처럼 행동했다.
 그런 가운데 꽤 규모가 큰 한 주간지 기자가 몇 번이고 전화를 계속 했다. 요코는 그때마다 자리에 없다고 대답했다. 일주일 정도 지났을 무렵 마침내 그 기자가 회사로 직접 찾아왔다.
 "몇 번 전화했던 ○○주간지의 ○○○기자입니다. 아사노 요코 씨 계십니까?"

마침 그때 사무실에서 시간이 났던 사람은 요코뿐이었기 때문에 직접 기자를 대응했다. 요코는 자신이 요코라는 것을 감추고 기자를 맞이했다.

"요코 씨는 사건 이후 휴직 중이십니다."

가슴이 두근두근거리고 심장이 터질 것 같았다. 기자가 아사노 요코에 대하여 무언가 아는 것이 있는지 물어오자 아무것도 모른다고 대답했다. 기자는 의외로 깨끗이 단념했다.

요코는 어찌할 바를 몰라 불안하고 초조했다. 간신히 정신을 차린 요코는 기자에게 물었다.

"범인은 요코가 아닌데, 가족에게 무슨 이야기를 듣겠다는 것이지요?"

"아, 뭐라도 좋으니 정보를 얻고 싶은 것이지요."

"그래도 사건은 그것을 저지른 본인밖에 알 수 없지 않을까요? 가족의 이야기를 들어보아도 별 소용없을 것이라 생각합니다."

그 말은 요코의 진심이었다.

요코 역시 남편이 어떻게 그 엄청난 살인사건을 저질렀는지 알고 싶었다. 피해자와 사이에 대체 무슨 일이 있었던 것일까. 남편으로부터 직접 설명을 듣고 싶었다. 도대체 그렇게 온순한 남편이 사람을 죽였다는 사실을 믿을 수가 없었다. 이 모든 게 사실은 전부 거짓말 아닐까? 그러한 생각이 머리를 스쳐지나갔다.

"뭐라도 좋으니 정보를 좀 얻고 싶습니다."

기자는 같은 말을 반복하고 자리에서 일어났다.

'뭐라도 좋으니 정보를 얻고 싶은 것은, 바로 접니다. 진짜 일어났던 일을 알고 싶습니다.'

요코 자신 역시 그러했다.

범인의 부인에게도 책임이 있는 것일까

남편이 살인사건을 저질렀다는 것을 아직 완전히 믿을 수 없었던 요코는 사건이 발생했던 초기에는 피해자에 관해서 생각조차 할 수 없었다.

요코는 피해자를 전혀 알지 못했다. 도대체 남편과 피해자가 아는 사이였다는 사실조차도 몰랐기 때문에 범행 동기 역시 상상할 수 없었다. 참고인 조사 등으로 만난 경찰관에게서 조금씩 이야기를 들어, 남편과 피해자 사이에 금전 문제가 있었다는 것은 알았다.

그렇다고 하더라도 요코는 자신도 피해자의 한 사람이라고 생각했다. 남편의 금전 문제는 자신과 아들과는 전혀 관계없는 이야기였기 때문이다. 사실 피해자와 남편 사이에 주고받은 금전이 요코와 아들의 생활과 얽혀 있는 흔적은 전혀 없었다.
 피해자에 대해 돌이킬 수 없는 죄를 저지르고 말았다는 것은 알았다. 그렇다고 하더라도 요코는 자신에게도 책임이 있다고는 생각하지 않았다.
 요코는 이렇게 말한다.
 "지금까지 그런 것처럼, 피해자 측에 대해서는 정말 미안하다고 하는 감정이 반, 한편으로 내가 할 수 있는 것이 조금이라도 있었는지 이것은 남편이 저지른 죄이지 나와는 전혀 관계가 없다고 하는 감정이 반입니다. 피해자와 그 유족이 이 말을 들으면 분노할 것이라고 생각합니다만, 솔직한 제 심정입니다."
 마음 한구석에서 나와는 관계없이 사건이 일어났다고 생각하는 요코는, 피해자의 유족에게 사죄를 하지 않았다. 그것이 피해자 가족에게 새로운 분노를 사게 할 거라는 것은 알고 있었지만, 사죄할 수 없었다. 그러나 매일 사건에 대해 생각을 하던 요코는 조금씩 생각이 변했다.
 왜 남편은 사람을 살해하지 않으면 안 되었던 것일까. 그런 일이 일어나기 전에 남편이 보인 어떤 전조를 내가 놓쳤던 것은 아닐까. 그랬다면 왜 자신은 눈치 채지 못했던 것일까. 자신이 눈치 챌 수 있었다면 이렇게까지 비참한 상황에 빠지지는 않았을지도 모른다는 생각에 이른 요코는 마침내, 남편의 범행을 막을 수 없었던 자신에게도 적지 않은 책임이 있다고 생각하게 되었다.

한편으로 요코는 유타를 계속 생각했다.

아들 유타에게는 이 사건과 관련해 책임이 없다고 믿고 싶었고, 아무런 책임이 없는 유타가 이 일로 궁지에 몰리는 것만은 피하고 싶다고 생각했다. "그래도 아이에게 죄는 없으니까요." 요코는 반복해서 말했다.

소중한 가족을 잃은 유족 측에서 본다면 이러한 요코의 생각은 용서할 수 없는 일일 것이다. 정직하게 말하자면 글을 쓰는 나 역시, 요코가 처한 상황은 피해자의 유족이 빠진 절망의 구렁텅이와 비교한다면 행복한 것에 속한다고 생각한다.

가해자의 관계자 가운데 누가 어디까지 사건의 책임을 지면 좋을까 하는 문제는 정말이지 더 많은 논의가 필요한 주제이다.

변호사를 어떻게 구할까

사건 후 난장판이 벌어진 가운데 요코가 변호사를 찾아야겠다는 생각을 한 것은 남편이 체포되고 며칠이 지나서였다. 그때까지만 해도 세상의 시선과 매스컴을 어떻게 피하면 좋을지를 생각해보지도 못했다.

지극히 평범한 생활을 해온 요코에게 형사사건 변호사에 관한 예비지식은 전혀 없었다. 상담할 수 있는 변호사를 알고 있을 리가 만무했던 요코는 한밤중에 직장 컴퓨터로 인터넷을 검색해보았다.

'체포됐을 때'

인터넷 검색창에 이렇게 타이핑을 하자 수많은 정보가 화면에 떴다. 요코는 인터넷 정보를 통해 '당직변호사'라는 제도에 대해 처음 알게 되었다.

당직변호사라는 것은, 1992년 일본변호사연합회가 일본 전국 각지의 변호사협회와 협력하여 출발시킨 제도다. 체포된 본인, 혹은 가족이 아는 변호사가 없어 곤란을 겪고 있을 때 경찰과 변호사협회에 '변호사를 소개해주세요'라고 요청하면 바로 소개시켜준다. 당직변호사는 경찰관이 입회하지 않은 상태에서 체포된 사람과 1대 1로 면회하여 요청사항을 들어주거나 '묵비권'에 대하여 설명을 해주기도 하고, 이후 형사절차에 대한 설명을 해주기도 한다.

이 제도는 일본 헌법 제34조에 기초하고 있다.

"누구라도 즉시 이유를 통보 받고 또 즉시 변호인에게 의뢰할 권리가 부여되지 아니하고는 억류 또는 구속되지 아니한다(후략)."

일본변호사연합회에 따르면 1년 동안 수임 건수는 2006년 6만 7,826건으로, 전체 구류 건수의 48퍼센트 가까이 파견 의뢰가 있었다. 이 제도가 발족한 1992년의 수임 건수가 5,654건이었다는 자료를 보면 15년 만에 꽤 인지도가 높아졌다고 말할 수 있다.

첫 번째 면회 상담은 무료이고, 두 번째부터는 통상의 변호사 비용이 들며 계속 변호인으로 의뢰할 수도 있다. 일본변호사연합회에 따르면 처음으로 면회한 체포자 가운데 20퍼센트 가량이 재판 진행 과정에 변호인을 의뢰했다.

요코는 즉시 지역 변호사협회에 연락을 했고, 선임 절차에 들어간다는 답을 들었다. 하지만 며칠이 지나도 변호사협회로부터 연락은 없었다. 변호사는 결정되었는지 불안한 요코는 다시 변호사협회에 전화를 했다. 그러자 B변호사로 결정되었다고 하면서 연락처 등을 가르쳐주었다.

요코는 B변호사 사무실에 전화를 했지만 B는 없었다. 그 후 전화를 계속 했지만 항상 사무실을 비워 좀처럼 연락할 수 없었다. 연락이 안 되는 이유를 모른 채 며칠이 지나갔다.

간신히 연락이 된 B변호사가 요코가 있는 곳으로 찾아왔다. 요코가 재판을 포함해 법적인 절차가 어떻게 진행되는지를 질문하자 상세한 설명도 없이 "변호를 해도 재판에서 이길 가능성은 희박합니다"라고 질문에는 맞지 않는 대답을 했다. 속마음이 노골적으로 보이는 듯했다. 불안에 떠는 의뢰인에게 친절하게 상담해 줄 것이라고 기대했지만 그런 바람은 완전히 빗나

가버렸다.

요코는 변호사협회에 연락하여 다른 변호사를 소개해 달라고 요청했다. 그러나 상담할 수 있는 변호사를 좀처럼 찾지 못한 채 시간만 지나가고 있었다.

'살인자의 집'

남편이 체포된 날부터 요코는 아들을 지키려고 필사적으로 노력했다. 자신은 어떻게 되어도 견디겠지만 초등학생인 어린 유타가 사건으로 차별과 왕따를 당하는 것만은 피하고 싶었다.

요코의 직장에도 매스컴에서 다녀갔지만, 다행스럽게도 유타를 맡아준 친구 A의 집까지는 추적해오지 못해 유타는 주위의 눈을 피할 수 있었다. 그나마 요코는 안심했다.

그러나 새로운 불안거리가 나타났다.

요코의 휴대전화로 장난전화가 걸려왔던 것이다.

대부분의 전화는 아무 말 없이 끊어졌지만 의미를 알 수 없는 말을 거칠게 얘기하는 전화도 있었다.

가장 상처를 주는 전화는 받는 순간 "살인자!"라고 한마디 하고는 끊어버리는 식의 전화였다. 그 한 마디 후에는 뚜뚜— 하는 신호음만 들렸다. 밤낮을 가리지 않고 몇 번씩 전화가 왔다. 자신이 비록 살인자의 아내라고는 했지만 가슴을 찌르는 것처럼 아팠다.

114에 전화해서 알아냈거나, 아들의 학교 비상연락망에서 집 전화번호를 알아낸 사람들이 집으로 전화를 했고, 그것이 요코의 휴대전화로 전송되었던 것이다. 맞벌이여서 집을 비우는 때가 많았던 요코는 집으로 걸려오는 전화를 휴대전화로 전환하는 설정을 해놓았는데, 그것이 오히려 끔찍한 일이 되고 말았다.

그동안 비워두었던 집도 황폐해져 있었다.

남편이 체포되고 며칠이 지난 후 한밤중에, 요코가 갈아입을 옷을 가지러 자택으로 갔을 때였다.

가로등이 비추는 집이 이상해서 요코는 놀랐다. 집 대문에 달려 있던 문패가 완전히 둘로 갈라진 채 땅에 떨어져 있었다. 깨진 문패를 집어든 요코의 눈에선 눈물이 그치질 않았다.

현관에서 실내로 들어가던 요코의 눈에 벽에 휘갈겨 쓴 낙서가 들어왔다.

스프레이로 어지럽게 '살인자의 집'이라고 쓰여 있었다.

요코는 재빨리 필요한 옷가지만 챙긴 채 곧바로 집을 떠났다. 한시라도 빨리 그곳을 떠나고 싶었다.

'자식도 죽여버리자'

짓궂은 전화와 낙서에 공포를 느낀 요코는 필사적으로 타인과의 접촉을 피했다. 필요 이상으로 다른 사람과 접촉하면 가해자 가족이라는 것이 누설되고 말 것이라고 생각했기 때문이다.

그런 노력에도 불구하고 요코를 진흙탕으로 밀어 넣은 것은 인터넷이었다.

언젠가 남편을 조사했던 담당 경찰관으로부터 다음과 같은 이야기를 들은 적이 있었다.

"인터넷을 주의하세요. 자택 전화번호, 아들 이름과 학교 등 개인정보가 적혀 있는 사이트가 있습니다. 그런 사이트를 발견하면 바로 알려주십시오. 삭제 요청을 할 수 있습니다."

남편과 자신의 정보가 누출되는 것은 반신반의했지만, 아들의 이름과 학교가 노출되면 곤란하다고 생각하고 그날 밤부터 인터넷을 살펴보았다.

인터넷 검색을 해나가자 사건에 관련된 내용이 점차 발견되었다. 용의자의 아내는 어떤 사람인지, 부부사이는 어땠는지 쓴 것이 많았다. 인터넷에 떠도는 정보의 절반 이상은 잘못된 것이었지만, 절반 정도는 사실이었다. 요코가 근무하는 회사 이름도 적혀 있었다. 자신을 알고 있는 누군가가 적은 것이라고 생각하자 의심에 의심이 꼬리를 물었다.

그러나 그것은 시작에 불과했다.

경찰관이 특히 주의해서 보라고 한 게시판을 체크하던 때였다.

"살인자의 아들도 장래 같은 살인을 저지를 것이 틀림없다. 그러니까 지금 아들을 죽여버려야 한다."

그 글 아래 "나도 그렇게 생각한다" 등과 같은 찬성의 댓글이 연이어 올라 있었다.

요코는 등골이 서늘해지는 기분이었다. 이제 겨우 초등학생인 유타는 앞으로 주위의 이런 시선을 참아내면서 살아가야 하는 것일까. 유타가 이런 사실을 알면 대체 어떻게 생각할까. 못된 장난 전화와 낙서 등의 해코지 이후 자신에 대한 공격이 멈추지 않을 것이란 각오를 했던 요코였다.

하지만 그대로 낙담하고 있지만은 않았다.

아들과 학교 이름 등이 인터넷에 유출된 것은 아닌지 항상 확인해야 했다. 요코는 그 게시판을 중심으로 매일 밤 두 시간 가까이 인터넷을 체크했다. 조사를 하면 할수록 새로운 글들이 보이기도 하고, 심한 말이 눈에 들어오기도 하였다. 그런 글을 보면 피로워 호흡이 곤란할 지경이었지만 인터넷 검색을 그만둘 수는 없었다.

당시를 되돌아보면서 요코는 이렇게 말했다.

"인터넷을 살피는 것은 아주 괴롭습니다. 그래도 무언가 일이 발생하고 나면 이미 늦은 것이기에 매일 밤 인터넷을 보고 있습니다. 정말 괴롭습니다."

다행스럽게도 유타의 개인정보가 인터넷에 유출되지는 않았다.

학교의 냉담한 반응

학교를 쉴 수밖에 없었던 유타에게 더욱 냉담한 처사가 기다리고 있었다.

남편이 체포되고 열흘 정도 지났을 무렵 학교 교장이 요코에게 전화를 했다. 교장은 짧게 위로의 말을 하고 나서는 곧바로 급식비 이야기를 꺼냈다.

"유타 군은 꽤 오래 학교를 쉬고 있습니다. 급식을 중지해도 좋을까요?"

"남편 사건으로 여러 가지 걱정을 끼쳐 드려 죄송합니다."

전화 통화였음에도 요코는 죄송해서 머리를 숙였다. 지역 사람들에게 폐를 끼치고, 매스컴에서 찾아와 아이들이 무서워했던 것에 대해서는 우선 사죄해야 한다고 생각했기 때문이다. 하지만 교장은 요코의 말에는 관심을 보이지 않고 급식에 대해서 다시 질문하면서 이렇게 말했다.

"전학을 하는 게 좋겠다고 생각합니다."

요코는 전학을 한다면 어떤 절차가 필요한지, 전학 갈 학교를 어떻게 찾으면 좋을지에 대한 정보를 듣고 싶었다. 하지만 그러한 말을 할 수 있는 분위기가 아니었다. 일절 관계하고 싶지 않다는 학교 측의 분위기가 전화기 너머로 생생하게 전달되었다.

지금 학교는 의지하거나 신뢰할 수 없다고 생각한 요코는 전학 갈 학교를 알아보기 시작했다.

망설임 끝에 요코는 초등학교 교사인 친구 C에게 연락을 했다. 두 번째 전화를 걸었을 때 C와 통화할 수 있었고, C는 다른 도시에 있는 학교를 알아봐주었다. 지금 유타가 다니는 학교는 주택가에 있는 큰 학교였지만, 전학 갈 학교는 시골에 있는 작은 학교였다.

C의 소개로 요코는 우선 유타가 전학 갈 학교가 있는 시의 교육위원회에 전화를 했다. 전화를 받은 직원은 "그러한 큰 사건으로 가장 불안한 것은 아이겠군요."라고 이해해주었다. 그 후 요코는 전학 갈 학교를 직접 방문하여 교장과 교감을 만나 사정을 모두 설명했다. 교장은 "걱정하지 않도록 잘 처리하겠습니다."라고 약속했고, 사건은 자신과 교감 그리고 담임교사만 아는 비밀로 할 것이라고 말했다.

요코는 교장과 교감에게 몇 번이고 머리를 숙였다. 남편이 체포된 날로부터 정확히 한 달째 되는 날 전학 가기로 결정했다.

한밤중
교정에서의 '이별'

요코는 회사가 쉬는 주말에 유타를 만나러 가서 전학해야 한다는 것을 이야기했다. 사건에 대해서는 말하지 않고 "엄마 회사에 사정이 생겨 전학을 가야 해."라고 설명했다.

요코 자신도 유타에게 설명할 수 있을 정도로 사건에 대해 이해하고 받아들이고 있었던 것이 아니었기 때문이다. 지금 알고 있는 사실 가운데 유타에게 어디까지 설명하면 좋을 것인지, 설명하면 유타가 그것을 납득할 것인지 판단이 서지 않았기 때문이다.

유타는 불만스러운 듯한 표정이었지만 납득을 했다. 다만 바라는 게 한 가지 있다고 말했다.

"학교에 가서 같은 반 친구들에게 작별인사를 하고 싶어요."

월요일이 되자 요코는 급히 학교에 전화를 걸었다. 전화를 받은 사람은 교장이었다. 요코는 유타가 작별인사를 하고 싶다는 말을 전했지만 교장의 반응은 냉담했다.

"매스컴과 다른 학부모들이 어떤 반응을 보일지, 무슨 일이라도 생기면 학교에서 대응할 자신이 없습니다. 죄송하지만……."

요코는 그 말에 대꾸도 못하고, 그저 알았습니다 말하고 전화를 끊었다. 살인자의 자식이라는 것만으로 친구들에게 작별인사조차 할 수 없는 것인지 괴로웠다.

요코는 학교 사정으로 작별인사를 할 수 없다고 유타에게 말했다. 유타는 아무 말도 하지 않은 채 눈물만 흘렸다.

이제 곧 봄이기에 요코는 유타를 데리고 갈아입을 옷을 가지러 자택으로 갔다. 밤 12시가 지닌 시간이었고, 남편이 체포된 날로부터 한 달이 지났던 터라 집 주위에 매스컴의 모습은 보이지 않았다. 그래도 낮에는 보는 눈이 있어서 집에 가는 시간은 한밤중을 택했다.

필요한 옷들을 챙긴 다음 집을 나오자마자 유타가 말했다.

"학교에 가보고 싶어요."

자정을 넘어 새벽 2시 가까이 된 시간이었다. 벌써 봄기운이 느껴졌지만 조금씩 눈이 흩날리고 있었다.

"지금 갈까?" 하고 묻자 유타는 고개를 끄덕였다.

요코는 학교로 차를 몰았다.

집 가까이에 있는 학교여서 몇 분이 채 안 되어 곧 도착했다.

남편이 체포된 이래 줄곧 쉬었던 유타에게는 한 달 만에 가보는 학교였다. 유타는 자신의 손으로 차문을 열고 내린 다음, 교문을 넘어 교정으로 들어갔다.

유타는 교정에 멈춰 서서 교실을 바라보았다. 유타의 시선이 향한 곳은 한 달 전까지 공부하던 교실이었다.

잠시 그렇게 있던 유타는 교정을 빙글빙글 뛰어 정글짐으로 갔다. 그리고 정글짐에서 뛰어오르면서 놀았다. 정글짐 다음에는 그네, 철봉 등으로 차례로 옮겨다니며 놀았다.

눈발이 약간 흩날리는 가운데 한밤중에 교정을 이리저리 뛰어다니는 유타를 희미한 조명이 비추었다.

교문 밖에서 이 모습을 지켜보던 요코는 무언가 뜨거움이 치밀어 올랐다. 사건과는 직접 관련이 없는 아이에게 이것은 너무 가혹한 것이 아닌가 하는 생각이 들었다. 이때 광경은 4년이 지난 지금까지도 잊히지 않는다고 했다.

30분 정도 지나자 요코에게 돌아온 유타가 말했다.

"괜찮아. 이렇게 작별인사를 했으니까."

전학을 가도 불안은 사라지지 않는다

유타가 전학을 한 이후 회사 숙직실에서 숙박을 하던 요코는 학교 부근에 작은 아파트를 빌려 한 달 만에 유타와 같이 생활하기 시작했다.

전학 간 초등학교 교사들은 침착하게 응대해주어 요코에게 도움이 되었다. 주위에서 가해자 가족으로 취급받지 않았던 것은 사건이 터진 지 한 달여 만에 처음이었다. 한편으로 지금까지 다녔던 도시의 큰 초등학교 쪽이 이런저런 사연을 가진 아이들도 더 많을 것이고, 이런 상황에 대처할 수 있는 교사 또한 더 많을 터인데 왜 도움을 주지 않았을까 하는 생각이 자꾸만 들었다.

그러나 요코는 그러한 생각을 더 이상 하지 않았다. "가해자 가족은 그러한 것을 말할 권리가 없다."고 생각했기 때문이다.

유타가 전학을 간 직후에 요코는 남편과 이혼을 했다. 살인사건을 일으켰던 남편을 용서하지 않고 인연을 끊고 싶다는 생각도 있었지만, 그것보다는 아들의 성姓을 바꿔주는 것이 목적이었다.

이혼하여 성이 바뀌면 사건과 연결되는 중요한 정보가 소멸된다. 유타가 엄마의 옛날 성으로 바꾸어 새로운 학교에 다니면, 아빠의 살인사건과 유타를 연결할 수 있는 직접적인 연결고리가 사라지게 된다. 그 차이는 아주 클 것이라고 생각했다.

한편 인터넷에서는 사건에 대한 글이 계속 올라왔기 때문에 유타가 잠든 후 요코는 인터넷 검색을 게을리 하지 않았다. '죽여버리자'는 말까지 들은 아들을 추적하여 전학 간 학교와 바꾼 성姓을 따른 이름을 알아내 인터넷에 퍼뜨릴지도 모른다는 공포가 항상 떠나지 않았다.

슈퍼마켓이나 큰 병원 등 불특정다수의 사람이 모이는 장소에 가는 것도 공포스러웠다. 예전에 살던 지역에서 다소 떨어진 곳에 살지만 사건과 자신의 가족을 알고 있는 사람과 만날지도 모르기 때문이었다. 만약 그런 일이 일어난다면 "이 슈퍼에 온다는 것은, ○○근처에 산다는 것은 아닐까?"라는 글이 인터넷에 올라오고, 눈 깜짝할 사이에 거주지가 노출될지도 모른다고 생각했다.

유타의 전학처를 조사하려는 사람이 있을지도 모른다. 그것을 쉽게 알아내지 못하게 하려면 어떻게 하면 좋을까. 요코가 고민 끝에 내린 결론은, 유타를 한 번 더 전학시키는 것이었다.

이제 막 학급 친구와 친해지기 시작한 유타를 다시 전학시키면 아이가 상처받는 것은 아닐까 걱정되었지만, 신원이 노출될지도 모른다는 불안감이 그런 걱정보다 더 컸다.

두 번째로 전학 갈 학교 역시 다른 도시에서 찾았다. 그리고 이번에는 사건과 관련해서 일체 학교에 말하지 않았다. 자신들의 사정을 이해받기보다는 사건과 관련한 어떤 단서도 주위에 알려지지 않도록 하는 것을 우선시했다. 두 번 전학한다면 누군가 자신들의 흔적을 추적하려 하여도 어려울 것이라고 생각했다.

첫 번째 전학을 하고 한 달 뒤 요코는 다시 유타를 전학시키고, 이사를 했다. 그래도 가해자 가족인 자신들의 신원이 언젠가 주위에 알려지게 되는 것은 아닐까 하는 불안은 사라지지 않았다.

가해자 가족은
이렇게 고립된다

많지는 않았지만 요코에게 도움의 손길을 내미는 사람들도 있었다. 사건 발생 후, 유타가 전학하기까지 한 달 동안 아들을 맡아주었던 친구 A도 그 가운데 한 사람이었다.

A는 친한 친구인 요코와 유타를 도와주고 싶은 마음에 최선을 다 했지만 그로 인해 상당히 난처한 처지에 몰렸다. 가장 힘든 것은 남편 D와의 관계가 악화된 점이다. 유타를 데리고 있던 초기에 A는 남편에게 모든 사정을 설명했다.

남편은 "잠시 동안이라면……"이라며 이해해주었다.

하지만 그런 이해는 오래 가지 않았다. 유타를 맡아준 지 한 달 가까이 되자 남편은 불만이 커져갔다. 퇴근 후 돌아온 집에 다른 사람의 아들이 있는 상황을 참을 수가 없었던 것이다. 게다가 신문 기사에까지 난 살인사건 범인의 아들을 왜 자신의 집에서 맡아주어야만 하는지 짜증이 커져갔다.

남편의 불만의 화살은 A를 향했다. A는 남편과 요코 사이에서 꼼짝달싹 못하고 궁지에 몰렸다.

남편의 비난과 함께 A를 더욱 곤혹스럽게 한 것은 가해자의 관계자라는 공포였다.

개인정보가 폭로되어 '가해자 가족을 은닉해준 인간'이라고 A까지 공격당할지도 모른다는 말을 요코에게 들었기 때문이다. A는 그러한 공격에서 유타를 지켜주고 싶다고 생각했지만, 한편으로는 그 생각에 사로잡혀 하루 종일 벌벌 떨면서 지냈다.

유타를 맡아주고 있는 것에 대한 남편의 비난이 계속되었지만 A는 누구와도 상담하지 못하고 괴로워했다. 게다가 일을 하면서 유타의 식사 등을 챙겨주고 돌보아야 하는 물리적인 부담도 컸다.

그러한 A의 생활은 유타의 전학과 함께 끝났다.

하지만 남편은 A에게 위로의 말을 건네면서도 한 달치 생활비를 받아내라고 독촉했다. 결국 A는 남편과 관계를 회복하지 못하고 충격 상태에 빠진 채 그대로 이혼을 했다.

그 사실을 알게 된 요코는 A를 끌어들였던 것을 깊이 후회했다. 앞으로 A에게 연락을 하지 않겠다고 결심했고, A로부터의 연락도 뜸해졌다. 요코는 진심으로 A에게 고마웠지만, 지금까지 연락을 못하고 있다고 한다.

사건 발생으로부터 4년이 지난 현재, 누군가 상담할 수 있는 상대가 있느냐고 질문하자 요코는 다음과 같이 대답했다.

"누구와도 상담하지 않을 작정입니다. 누구든 이 문제를 상담하면 그 순간 그 사람을 궁지에 빠트리기 때문이지요. A는 우리 가족의 사건과 관계되어 곤란에 빠지고 말았습니다. 더 이상 누군가를 끌어들이는 것은 안 됩니다."

이렇게 요코는 사람들로부터 점점 고립되어 갔다.

세상 모르고 지내는 교도소의 남편

취재 중이던 어느 날 교도소에 있는 남편에 대해서는 말을 하지 않던 요코가 남편에 관한 말을 하기 시작했다.

그날 오전에 담당 보호사保護司(법무대신이나 지방갱생보호위원회 위원장의 위촉을 받아 범죄자의 갱생, 범죄 예방을 담당하는 자_역주)가 집에 와서 남편의 말을 요코에게 전해주고 갔다고 한다.

"남편은 보호사 편에 '형이 끝나고 출소하면 가족과 함께 살고 싶다'고 말하고 있답니다. 도대체 무슨 생각을 하고 있는 것인지. 남편 때문에 아들과 나는 이렇게 고통 속에서 힘들게 살아가는데 도대체 아무것도 알지 못하는 듯합니다."

요코는 남편 때문에 아들과 함께 세상으로부터 숨어서 두려움에 떨며 살아가는 처지가 된 것을 원망하고 있었다. 남편이 체포된 한 달 후 전학을 간 유타의 성을 바꾸기 위해 이혼을 하면서 내심, 이혼은 형식에만 머무르는 것이 아니라 영원한 '절연'이라고 생각했다.

하지만 유타는 하루라도 빨리 아빠와 함께 살고 싶다고 했다.

남편의 재판이 시작되고, 실형 판결이 확실한 가운데 요코는 유타에게 "아빠는 사소한 사건을 일으켜서 잠시 교도소에 들어가 있어."라고 알려주었다. 유타가 동요하거나 불안해하지 않을까 걱정되었지만 조금씩 진실을 알리지 않으면 안 된다고 생각했기 때문이다. 다만 사건의 진상은 아직도 애매모호했다. 유타는 놀라는 눈치였지만, 그 이상은 질문하지 않았다.

사건의 진상을 알지 못하는 것도 있지만, 유타는 아빠에 대한 악감정이 그렇게 크지 않았다. 이후 생활하면서 유타는 항상 이렇게 말했다고 한다.

"아빠가 돌아오면 함께 살고 싶어요."

유타의 말에 요코는 조금 감정적으로 답했다.

"아빠는 당분간 돌아오지 않아. 교도소에서 나올 무렵이면 유타는 결혼해 있을지도 모르니 함께 살 수는 없을 거야."

"그러면 나는 아빠가 돌아올 때까지 결혼 안 할 거야."

요코는 이 말을 듣고 되도록 빨리 남편이 저지른 사건의 진상을 유타에게 알려주어야 하지 않을까 생각하게 되었다.

교도소에 있는 남편은 가끔 편지를 보내왔다. 최근에는 축구를 좋아하는 유타를 위해 교도소에서 일을 해서 받은 쥐꼬리

만한 돈으로 축구공과 축구화를 사서 보내고 싶다고 편지를 보냈다. 요코는 유타와 자신이 이토록 참담한 처지에 빠진 것을 남편이 전혀 모른 채 태평스럽게 아빠인양 하는 것을 도무지 용서할 수 없었다.

"나와 아들이 얼마나 힘들게 살아가는지를 교도소에 사는 남편은 알지 못합니다. 교도소에서 그 사실을 제대로 알려주지도 않을 테니까요."

요코는 남편으로부터 사건에 대해 직접적인 설명도 듣지 못했고, 남편에게서 사죄의 말을 듣지도 못했다. 그러니 분노가 쌓여가는 것은 어쩌면 당연한 일일지도 몰랐다.

남편이 체포된 이후 한동안은 접견조차 금지되어 이야기도 나눌 수 없었다. 체포 직전에 경찰차에서 "미안, 내가 그랬어요."라는 말을 들은 이후 남편을 만나지도 못했다. 접견으로 사건 조사에 영향을 미칠까봐 경찰이 금지했기 때문이었다.

접견금지가 해지되어 구치소에서 처음으로 면회할 때의 남편의 모습을 요코는 결코 잊을 수 없다. 면회실에 들어온 남편은 앉아 있던 의자에서 일어나 "미안하오, 이렇게 되고 말아서."라고 말하고 고개를 푹 숙였다.

허락된 면회시간은 20분. 남편 옆에는 대화 내용을 체크하기 위해 교도관이 입회해 있었다. 사건에 대해 사세히 아니 정확히 듣고 싶었지만 질문할 때마다 남편은 애매한 대답만 했다. 납득할 수 있는 답을 듣지도 못한 채 면회시간은 끝이 났다.

그 이후 시작된 재판에서도 알고 싶은 정보는 들을 수가 없었다. '공판 전 정리^{公判前整理手続き}(이 절차는 공판을 시작하기 전에 법원과 검찰, 변호인측이 비공개로 협의를 거듭하여 쟁점을 좁혀 놓은 뒤 공판에 착수함으로써 심리를 신속하게 할 수 있는 제도를 말하는데 일본에서 시범적으로 시행하고 있으며, 우리나라에는 이와 비슷한 절차로 '공판준비제도'가 있다.-역주)'가 행해져 심리를 조속히 진행해서 재판에서는 언급하지 않은 부분이 많았기 때문이다.

사건의 진상을 알지 못하는 유타에게 요코는 어떻게든 정확하게 설명을 해주어야 한다고 생각했다. 그러나 피해자와 남편은 어떠한 관계였는지, 왜 남편이 피해자를 살해해야만 했는지 등등 알고 싶었던 것은 재판에서도 명확하게 나오지 않았다. 그 때문에 사건이 발생한 지 4년이 지난 지금도 요코는 유타에게 상세하게 설명해줄 수 있는 정보가 없었다.

일반적으로 피해자 가족은 가해자와 가해자 가족으로부터 확실한 사죄를 받고 싶어 하며, 왜 내 가족이 피해를 당하지 않으면 안 되었는지를 알고 싶어 한다. 그러나 가해자 본인과 그 가족 사이에는 심각할 정도로 관계가 단절되고 의사소통조차 하지 않는 경우가 많아서 피해자 측의 바람은 대부분 이루어지기 힘든 것이 현실이다.

가해자 가족의
대출 생활

"유타가 아파도 돈이 없어서 병원에 갈 수 없을 때가 많습니다."

남편이 체포된 후 요코의 생활은 경제적으로도 궁지에 몰렸다. 맞벌이로 근근이 생계를 꾸려왔었는데 갑자기 집안의 기둥인 남편의 수입이 없어지게 된 것이다. 남아 있던 주택 대출금을 요코 혼자 갚아야 했고, 유타의 전학과 이사 비용 등 목돈이 들어가는 지출이 늘어난 것도 영향을 주었다. 아무도 살지 않는 집을 임대로 내놓았지만, '살인자의 집'이라는 이유로 세입자를 구할 수가 없었다.

게다가 남편이 체포되기 전에 친구들에게서 빌린 돈까지 요코가 갚아야 했다.

남편은 시아버지가 경영하는 회사의 운영자금 명목으로 여러 사람에게서 수백만 엔을 빌렸다. 시아버지는 자식이 살인을 저질렀다는 사실에 기력을 잃고 일도 손에서 놓았다. 남편이 회사 운영을 위해 빌린 돈마저도 갚지 않았다.

남편이 체포되고 반 년 정도 지나서 시아버지의 회사는 부도가 났다. 빌린 돈은 당연히 되돌려주지 못했다.

회사가 부도났기 때문에 요코의 변제의무는 없어졌지만, 한 사람에게만은 어떻게 해서든 빌린 돈을 반드시 갚아야 했다. 바로 요코의 친구인 S였다. 남편이 자금조달에 어려움을 겪고 있는 것을 보다 못해 요코는 S에게 돈을 빌린 적이 있었다.

고등학교 때 같은 반이었던 이래 오랜 기간 친분을 유지했던 S에게서 빌린 돈을 갚지 않을 수는 없었다. 실제로 S는 빌린 돈을 갚지 않는다고 몹시 서운해했기 때문에 요코는 매월 월급에서 일정액을 갚아나갔다.

그렇게 월급에서 제하고 난 후 수중에 조금 남은 돈으로 요코는 유타가 배고프지 않게 하려고 노력했다.

자신의 옷이나 개인용품은 꼭 필요한 것만 사는 등 최대한 지출을 줄이고 그 돈으로 유타의 학교 급식비와 학용품비, 축구클럽 경비를 충당했다. 부친의 일로 상처받고 두 번이나 전학을 했는데 돈 문제로 아이를 비참하게 해서는 안 된다고 생각했다.

그렇게 유타의 학교 관련 돈은 어찌 마련할 수 있었지만, 그 이외에 돌발적으로 돈이 필요한 경우에는 빚이 많아 변통하기가 힘들었다. 그런 돌발적인 지출 가운데 하나가 유타가 아픈 경우였다. 매월 월급으로 빠듯하게 생활하고 있는 터여서 월말이 가까워지면 20퍼센트의 본인부담 진료비조차 힘들어서 병원에 데려갈 수 없는 적이 많았다.

현재 요코의 최대 관심은 빈 집으로 있는 자택의 처분이다.

싸게 팔아도 좋으니 집을 팔아서 대출금도 갚고 싶다는 생각이다. 하지만 '살인자의 집'을 사려는 사람은 좀처럼 나타나지 않아 여전히 빈집 그대로 있는 현실이다.

아이 때문에 살아간다

택시 회사에서 일을 계속하고 있는 요코는 조금이라도 더 벌기 위해 사장에게 부탁해서 잔업을 늘렸다.

그러나 주택대출금과 남편의 채무 변제 등에 쫓기어 유타를 병원에 데려가는 것조차 망설여지는 생활은 변함이 없었다.

또 밤늦게까지 일하는 날이 많아지면서 몸에 무리가 갔고, 유타에게도 여파가 갔다. 원래 '키보이'$^{Key Boy}$(맞벌이 부부의 아이_역주)'였던 유타가 혼자 집에서 지내는 시간이 더 많아지게 되었던 것이다.

고학년이 되면 학교에서 운영하는 방과 후 아동 보육 서비스를 받을 수 없다. 축구클럽은 저녁에 끝나기 때문에 그 무렵 집에 돌아온 유타는 아침에 요코가 준비해둔 식사를 전자레인지에 덥혀서 혼자 식사하고, 밤늦게까지 숙제를 하거나 게임을 하면서 시간을 보냈다.

요코는 유타에게서 외롭다는 말을 한 번도 들은 적이 없다고 한다. 어리지만 엄마가 대단히 어렵다는 것을 알고 이해해주는 것은 아닐까 생각했다. 그것이 요코를 더욱 괴롭게 했다.

세상을 놀라게 한 중대사건을 저지른 가해자 가족이 도망칠 수 없는 괴로움을 참지 못하고 자살을 하는 경우도 적지 않다. 세 번째 인터뷰 막바지에 자살을 생각한 적은 없는지 조심스럽게 질문해보았다.

"없습니다."

요코는 바로 대답했다.

"아마, 아이가 있기 때문이라고 생각합니다."

남편이 체포된 후 4년 넘도록 정신적으로도 경제적으로도 궁지에 몰렸던 요코에게 살아가는 유일한 버팀목은 아들 유타였다.

인터뷰 도중 가진 휴식시간에 밖에서 혼자서 축구공을 가지고 놀고 있는 유타를 바라보는 요코의 모습은, 그렇게 괴로운 내용을 증언한 사람이라고는 생각되지 않을 정도로 평온해보였다. 유타는 축구클럽에서 중요한 수비 포지션에서 활약하고 있다고 한다. "우리 유타가 최근 밸런타인데이에 초콜릿을 다섯 개나 받았답니다."라며 요코는 기쁘게 말했다.

유타의 열 살을 기념하는 생일에 요코가 아들에게 쓴 편지를 보여주었다.

손으로 쓴 석 장의 편지에는, 남편이 체포된 후 괴로웠던 나

여아유괴 연쇄살인사건 ① 증언자

도쿄 서부에 있는 그곳에 취재하러 간 날은 눈이 무척 많이 내렸다.

눈이 계속 내리는 가운데 안내를 하던 남자가 손가락으로 가리킨 곳은, 자갈이 깔려 있는 주차장이었다. 주차장에는 밴 한 대 만이 주차되어 있었다. 이곳으로 오는 길에는 드문드문 집들이 보였고, 넓은 밭이 펼쳐져 있어 주차장이 필요할 것처럼 보이지 않았다. 주차장 오른쪽에는 오래 된 인가가 있었고, 왼쪽과 정면은 높은 고지대였다.

안내를 하던 남자가 말했다.

"여기가 쯔토무의 자택이 있던 곳입니다. 당시 1천여 명을 넘었던 취재진이 아침부터 밤까지 집 앞 이 도로에 꽉 찼었습니다."

1988년 8월부터 1989년 6월까지 도쿄와 사이타마埼玉에서 4명의 어린 여자아이가 유괴되어 살해되는 사건이 일어났다. 이곳은 이 사건의 범인인 미야자키 쯔토무가 부모와 함께 살았던 집이 있던 곳이다. 미야자키 쯔토무는 4세, 4세, 5세, 7세의 어린 여자아이를 살해했다. 당시 범인의 이름이 드러났는데도 피해자의 유골이 가족에게 전달되는 등 엽기적인 일들이 일어나면서 매스컴은 연일 보도를 내보냈다.

안내를 했던 남자의 이름은 사카모토 테이지. 미야자키 쯔토무의 가족 특히 부친과 사건이 일어나기 전부터 교류가 있었던 인물이다.

사건으로부터 30여 년을 거슬러 올라간 1950년대 후반. 사카모토는 미야자키의 집에서 걸어서 20분 정도 거리에 살고 있었다. 대학생이었던 사카모토에게는 큰 신문사에 다니는 형이 있었다. 형이 미야자키 쯔토무의 부친과 동창생이었기 때문에 사카모토는 미야자키의 집에 자주 드나들었다.

미야자키의 집안은 지역에서는 이름이 난 집안으로, 대대로 직조공장을 운영하고 있었다. 전쟁이 끝난 후 양잠업이 쇠퇴하게 되자 직조공장의 경영도 악화되었고, 미야자키의 부친은 무언가 새로운 사업을 시작해야 한다고 생각했다. 그래서 생각해낸 것이 지역정보를 전문으로 취급하는 신문 발행이었다. 1957년부터 매주 일요일, 지역의 가정으로 무료 주간신문을 배포했다.

미야자키의 조부가 광고를 모집하는 영업을 담당하고, 조모는 광고료 수납, 부친이 취재와 편집 그리고 모친은 인쇄를 거들었다. 4개의 시, 읍, 면에서 3,000부를 발행하는 지역신문을 가족이 힘을 합쳐 만들었던 것이다.

하지만 미야자키 쯔토무의 부친은 신문에 대해 전혀 문외한이었다. 기사를 썼던 경험도 없었기 때문에, 초등학교 동창생으로 신문기자가 된 사카모토의 형에게 늘 의견을 구했다. 그렇게 해서 당시 대학생이었던 사카모토가 형을 대신해 아르바이트로 미야자키 쯔토무 부친의 신문발행을 돕게 되었다.

매주 목요일, 쯔토무의 부친은 차를 가지고 사카모토를 데리러 왔다. 사카모토는 미야자키 집으로 가서 그의 부친이 취재한 정보를 토대로 기사를 작성하기도 하고, 지면 분배 등 편집을 하기도 했다. 그리고 목요일 밤 인쇄소에 완성된 원고를 전달하면 토요일 밤에 인쇄된 신문이 나와 신문판매점에 배포하고, 일요일에는 조간신문과 함께 일반 가정에 배포되었다.

"신문을 무료로 배포했기 때문에 광고수입만으로 회사를 유지해야 했습니다. 인쇄소에 돈을 지불하고 나면 수입은 거의 없었습니다. 얼마 지나지 않아 미야자키 쯔토무의 부친은 인쇄를 직접하는 것이 좋다고 생각하여 인쇄기를 구입했습니다. 그 와중에 저는 취직이 되어 아르바이트를 그만두었습니다."

사카모토가 취직한 곳은 도쿄신문이었다.

그리고 미야자키 쯔토무가 체포될 무렵 부친과 재회를 했다.

여아유괴 연쇄살인사건 ② 체포 통지

버블경제가 절정이었던 1989년, 도쿄신문에 근무하던 사카모토는 자신의 연고지인 도쿄 서부 담당기자로 일을 했다.

그가 담당하는 지역에서 어린 여자아이를 유괴하는 사건이 연달아 일어났다. 산속에서 옷이 다 벗겨진 사체가 발견되고, 피해자의 자택으로 유골의 일부가 배달되었다. 왠지 꺼림칙한 이름인 '이마타 유우코今田勇子'가 범인으로 매스컴에 연일 보도되고, 동일 인물의 범행이라는 등 다양한 분석이 나왔다.

그날 사카모토는 다치카와 지국에서 야간근무를 하고 있었다. 석간 마감 직전 여아 유괴 연쇄살인사건의 범인이 체포되었다는 1보가 들어왔다. 상세한 것은 알 수 없었고, 범인의 성姓이 미야자키라는 것만 나왔다. 이 지역 출신으로 지역 지리에 밝은 사카모토는 택시를 타고 구석구석을 돌았지만, 미야자키라는 성만으로는 해당자가 너무 많아 범인에 대한 것을 아무것도 알아낼 수 없었다.

잠시 지국과 연락을 취했는데, '인쇄업을 경영하는 미야자키'라는 정보가 들어왔다. 인쇄업을 경영하는 미야자키라면, 자신이 알고 있는 지역신문 발행인 미야자키가 아닐까 하는 생각이 들어 놀랐다. 예전에 미야자키 쯔토무의 부친이 사카모토를 데리러 올 때마다 자동차 조수석에 타고 있던 아들 미야자키 쯔토무가 기억났다. 손이 불편했던 미야자키 쯔토무는 차에 남아 있고 부친만 차에서 내려 이야기를 나눈 기억이 났다. 설마 그 아들이 범인인 것일까? 사카모토는 온몸의 피가 빠져나가는 듯했다고 한다.

사카모토는 급히 택시를 미야자키 집으로 돌렸다.

잘 알고 있는 길을 따라 미야자키 집 근처로 갔다. 차창에서 보이는 집은 아무 일도 없다는 듯이 고요해 보였다.

다른 매스컴 관계자들은 아직 보이지 않았다. 지역 지리를 잘 아는 사카모토가 가장 먼저 도착한 것이다. 미야자키 쯔토무의 부친은 사카모토를 집 안으로 들여주었다. 부친은 텔레비전 뉴스를 보고 있었다.

"6월 6일, 아드님은 무엇을 했습니까?"

사카모토가 처음 질문한 6월 6일은 네 번째 여자아이가 행방불명된 날이었다. 잠시 생각해보던 부친은 그날 지역 학부모협의회 관련 회합에 참석했던 것을 기억하고, 저녁에 외출할 당시 아들은 집에 없었다고 대답했다.

"아직, 우리 아들이 범인으로 결정된 것은 아닙니다."

사카모토는 친하게 지내던 지인의 아들이 살인범일지도 모른다는 공포스러운 감정을 억누른 채 신문기자로서 취재를 하기 위해 질문을 계속했다.

한 시간 정도 지나자 신문, 방송국, 잡지 등 다수의 매스컴 관계자들이 밀려들어왔다. 부친은 각 언론사의 인터뷰 취재에 필사적으로 대답했다. 그 중에는 부친으로서의 책임을 묻는 질문도 있었고, 아들의 방을 공개해 달라는 요청도 있었다. 다음날 미야자키 쯔토무가 수집한 호러 & 로리타(로리타 콤플렉스 : 어린소녀에게 느끼는 성적 충동-역주) 비디오, 잡지 등이 센세이셔 널하게 보도되었다.

이 취재를 마지막으로 사카모토도 다른 매스컴 관계자들과 함께 미야자키의 집에서 나와야 했다. 경찰은 현장검증을 위해 미야자키 쯔토무 집 주위에 접근금지 줄을 둘러쳐, 아무도 자유롭게 들어갈 수가 없었다.

시간이 지나면서 범인이 피해자의 인육을 먹고, 피를 마셨다는 등 사건의 엽기성이 드러나며 매스컴에서는 연일 대대적으로 보도했다. 피해자가 범인의 얼굴을 알아서 그렇게 했다는 범인의 말에 사카모토도 용서할 수 없는 범죄라고 생각해 날카로운 비판을 가했다.

사건의 불가사의함이 더해 갈수록 사카모토는 미야자키 쯔토무의 부친으로부터 상세한 이야기를 듣고 싶다고 생각했지만, 경찰이 계속 접근을 막아 접촉할 기회가 좀처럼 없었다.

여아유괴 연쇄살인사건 ③ 초췌해진 부친

사카모토는 미야자키 쯔토무 부친과 접촉하려고 몇 번이나 시도했다. 하지만 경찰이 자택 접근을 막았고, 전화를 걸어도 수화기에서는 발신음만 들릴 뿐이었다. 그래서 부친이 연락을 취하는 세 사람에게 '쯔토무 부친에게서 연락이 오면 사카모토가 꼭 만나고 싶어 한다는 말을 전해주십시오'라고 부탁했다. 부친은 아들이 일으킨 사건을 어떻게 받아들이고 있는지 알고 싶었기 때문이다. 그리고 이 방법은 성공했다.

미야자키 쯔토무가 체포된 후 한 달이 지났을 무렵, 지인을 통해 미야자키 쯔토무의 부친이 이야기를 하고 싶다며 연락이 왔다. 즉시 사카모토는 변호사와 함께 부친의 자택으로 향했다. 자택 앞에는 여러 보도 관계자가 자리를 차지하고 있어서 택시를 타고 가서 이웃집과 접해 있는 뒷문을 통해 들어갔다. 시간은 자정 한 시를 지나고 있었다.

집은 정적이 흘렀고 거실은 어두웠다.

사카모토가 자신의 이름을 대자 발소리가 들리더니 어둠 속에서 사람의 그림자가 떠올랐다.

그림자가 미야자키 쯔토무의 부친인지 아닌지 긴가민가한 순간 그림자가 갑자기 세차게 사카모토를 껴안았다. 상상하지 못했던 상황에 사카모토의 몸은 긴장을 했다.

"이렇게 되어버려서……."

부친은 사카모토를 껴안은 채 웅크리고 앉아 눈물을 흘리기 시작했다.

사건의 잔혹성이 떠오르자 사카모토는 부친에게 어떠한 말을 하면 좋을지 알 수 없었다.

잠시 그 상태로 시간이 지났다. 이윽고 동행했던 변호사가 부친을 옆방으로 모셔갔다.

조금씩 안정을 되찾은 부친은 사카모토의 눈앞에 정좌를 하고 앉았다. 형광등 불빛 아래 보니 얼굴이 파리해졌고 한 달 사이에 홀쭉하게 여위어 있었다. 옆에는 백발이 성성한 미야자키 쯔토무의 모친이 앉아 있었다. 양쪽 볼이 움푹 패여 실제보다 십 년은 더 늙어 보였다. 잠시 침묵이 흘렀다. 하늘을 우러러보듯 천장을 쳐다보던 부친은 힘겹게 이야기를 시작했다.

"매일 가시방석에 앉아 있는 것 같습니다. 너무 고통스러워 차라리 죽는 게 나을 것 같습니다. 죽는 것은 몇 초면 끝나니까요. 죽고 싶습니다, 죽고 싶어요……."

"죽으면 웃을 수 있을 겁니다."

자식이 체포된 이후 부친과 모친은 경찰 관계자 이외의 사람과는 말을 하지 않았고, 연일 장시간에 걸쳐 참고인 조사를 받았다. 경찰 이외의 사람과 평범한 대화를 하는 것은 아주 오랜만이라고 부친은 말했다.

"신문도 텔레비전도 보기가 무섭습니다. 헬리콥터 소리만 들어도 또 우리 집을 취재하러 오는 것은 아닌지 생각되어 심장이 조여옵니다……. 그래도 생때같은 아이가 죽은 피해자 부모들을 생각하면 참아야겠지요."

부친은 고개를 푹 숙인 채 자신이 가진 땅 등을 팔아서 힘닿는 대로 유족에게 보상을 하고 싶다고 말했다. 사카모토가 전화를 해도 연결되지 않았었다고 하자, 갖은 협박 비난 전화가 끊이지 않아 아예 전화선을 뽑아버렸다는 대답이 돌아왔다. 그리고 더 이상 이곳에 살 수 없을 것 같다고 말했다.

부친은 잠시 후 조그마한 옆방으로 사카모토를 안내했다.

방에는 큰 상자에 다 채우지 못할 만큼 엽서와 편지가 쌓여 있었다. 사카모토가 엽서 한 장을 들자, '당신도 죽어,' '두 딸을 죽여버리자' 등 끔찍한 말들이 눈에 들어왔다. 미야자키 쯔토무의 두 누이에게 악담을 퍼붓는 편지가 많았고, 조의弔意 봉투가 동봉된 것도 있었다.

발송인의 이름과 주소는 쓰지 않았다. 몇 통을 훑어보던 사카모토도 더는 견딜 수 없어 울먹거렸다. 울먹이는 사카모토의 모습을 부친이 조용히 지켜보았다고 한다.

여아유괴 연쇄살인사건 ④ 친척에게 끼치는 영향

사카모토가 진행하던 미야자키 쯔토무 부친과 인터뷰가 끝나갈 무렵이었다. 아직 사건의 수사가 진행되고 있는 단계지만, "특별히 말씀하고 싶은 것이 있습니까?"라는 질문에 부친은 미처 생각하지 못한 것을 이야기했다. 아래 나오는 인터뷰 내용은 사카모토가 출간한 《단독회견기, 바늘방석에 앉은 부친》에서 인용한 것이다.

Ⅱ 가해자 가족이 겪는 다양한 사례 | 71

"끔찍한 죄를 지은 것이기에 감히 무엇을 바란다고 이야기할 수 있는 입장은 아니지만, 사건에 관계없는 사람들까지 고통에 빠지는 것이 괴롭습니다."

"그것이 무슨 말씀입니까?"

"(사건에) 관계없는 사람들까지 직장을 그만두거나 몸을 숨겨야 했습니다. 이런 일에 대해 무언가 하지 않으면……."

미야자키 쯔토무에게는 두 명의 누이가 있었다. 장녀는 사건이 일어난 후 근무하던 스파를 그만두었다. 그뿐만이 아니다. 연말에 결혼식을 올리기로 했던 파트너와 약혼을 스스로 파기했다. 간호학교를 다니고 있던 차녀는 퇴학 절차를 밟았고, 간호사가 되고자 했던 꿈을 스스로 포기했다.

부친에게는 다섯 명의 형제가 있었다. 그 가운데 두 명은 회사 임원으로 일하고 있었는데, 사건 후 회사를 그만두었다. 밑의 형제는 이혼을 했다. 미야자키 쯔토무의 사촌인 딸 둘의 장래를 생각해서 아이들의 성姓을 부인의 옛날 성으로 바꾸기 위함이었다. 미야자키 쯔토무 외가 쪽 사촌 두 명도 모두 직장을 그만두었다. 공무원으로 일을 하고 있었는데, 그것이 주간지 등에서 보도되었기 때문이다.

모친은 자신에게 던져지는 혐오의 시선이나 정신적인 고통에 대해서는 "자식이 죄를 저지른 이상, 당연히 받아야 할 벌이라고 생각합니다."고 말했다. 하지만 숙부와 숙모, 사촌들은 사건과는 관계가 없는 것 아니냐고 사카모토에게 호소했다.

부친과 모친의 관계, 조부의 존재 등 가족에 대한 상세한 보도가 연일 계속되었다. 사건의 원인의 하나로 가정환경을 거론하는 분석도 많았다. 미야자키 쯔토무 일가와 잘 알고 지내던 사카모토 역시 가정환경, 특히 부모의 불화가 원인의 하나가 되었을 가능성이 있다고 생각한다. 그렇지만 한편으로 숙부와 숙모, 사촌들과는 관계가 없는 일이 아닌가 라는 생각도 했다.

당시 사카모토는 신문기자로서 30년 가까운 경력을 쌓아왔다. 사회부 담당기자로 일하면서 주로 사건·사고의 취재를 많이 해왔지만, 가해자 가족에 대해 본격적으로 취재한 적은 없었다. 미야자키 쯔토무 부친을 인터뷰하고 취재하면서 처음으로 가해자 가족이 직면하는 현실을 알게 되었다고 한다.

사건으로부터 20년 이상이 지난 시점에서 이루어진 이번 취재에서 사카모토는 당시를 회고하면서 자신이 경험한 것들을 이야기해주었다. 범죄사건의 영향이 친척에게까지 영향을 미친다고 하는 대목에 이르러서는 가끔 말을 잊고 아랫입술을 꽉 깨문 채 눈가에 눈물을 비치기도 했다.

여아유괴 연쇄살인사건 ⑤ 부친의 자살

미야자키 쯔토무가 체포되고 약 일 년 후 쯔토무의 가족은 오래 살았던 마을을 떠나 이사를 했다. 부친은 인쇄 관련 아르바이트를, 모친은 파트타임 일을 시작했고 쯔토무의 누이들도 직장을 얻어 서로 의지하며 살아갔다.

쯔토무의 부모는 이혼 절차를 밟아 자녀들은 모친의 옛 성을 따르게 되었다. 가족들은 피해자의 이름을 쓴 종이를 매달아 놓고 매일 빌면서 용서를 구했다고 한다. 아무리 사죄해도 갚을 수 없는 죄를 그들 나름대로 갚을 길을 계속 찾았다고 한다.

사건 발생 후 1년 반이 지난 1990년 3월 30일부터 도쿄지방재판소에서 공판이 시작되었다.

하지만 부친은 한 번도 방청석에 나타나지 않았다. 미야자키 쯔토무가 사선변호인을 구해달라고 계속 부탁했지만 거부했다. 부친은 그 이유를 사카모토에게 이렇게 말했다고 한다. "사선변호인을 쓰는 것은 자신을 지키려는 것을 의미한다. 그렇게 해서는 피해자와 피해자 가족에 대해 사죄가 되지 않는다."

이러한 부친의 태도에 대해, 작가인 사키류 조우佐木隆三는 《미야자키 쯔토무 재판》이라는 책에서 '일본의 풍토에서 이것을 미덕으로 생각하는 사람도 있겠지만 그건 착각이다'라며 강하게 비판했다.

사선변호인을 쓰지 않음으로 인해서 결과적으로 국선변호인을 쓰게 되는데, 그 비용은 고스란히 국고 부담이다. 본래는 경제적 능력이 없는 가해자를 구제하기 위한 이 제도가 미야자키 쯔토무 가족처럼 지불 능력이 있는 경우에 이용되는 것은 미덕도 아무것도 아니라는 것이었다. 오히려 자식에 대한 관여를 피하고 싶은 '부친의 부재'라고 비판했다.

공판이 시작되고 4년 반이 흐른 1994년 11월 21일 아침, 부친은 타마가와多摩川 강 모래밭에서 사체로 발견되었다. 높이 30미터가 넘는 다리 위에서 한밤중에 몸을 던진 것이다.

현장인 다리 위에서 타마가와 강을 내려다보자 한순간 다리가 후들거려 움직일 수가 없었다.

낮에는 관광객이 많아서 그런 비극적인 사건이 있었던 장소라고는 누구도 알아차리기 힘들 정도였다. 그러한 다리가 부친의 최후의 장소가 된 것이다.

사카모토에 따르면 부친은 죽기 직전 자택이 있던 토지를 처분하기 위해 애썼고, 모친과도 그 절차에 대해 몇 번이나 이야기를 나누었다고 한다. 부친이 돌아가신 후에 모친이 그 유지를 받들어 토지를 처분하고 마련한 현금을 피해자 가족 각각에게 송금했다고 한다. 그 배상금은 유족 측 입장에서는 큰 액수가 아니었다.

사카모토가 직접 본 유서에는 '피곤하다'는 말이 적혀 있었다. 다음해 2월에 열린 도쿄 지방재판소 공판에서는 변호사가 부친이 남긴 유서를 읽었다.

사키류는 1995년 4월 호 《문예춘추》에 변호인이 읽은 유서 내용을 실었다. "오랫동안 신세를 졌습니다. 은혜에 보답하지 못하고 작별을 해서 죄송합니다. 자식의 일을 잘 부탁드립니다." 변호인은 때로 목이 막혀 말을 잇지 못했지만 피고인 미야자키 쯔토무는 무표정한 얼굴로 메모를 하고 있었다고 한다.

사키류는 '차마 볼 수 없을 정도로 잔인하게 살해당한 아이들의 유가족은 비통하게 계속 살아가는데, 도피를 할 수도 없고 고통스러워하며 공판을 지켜볼 뿐인데' 라면서 쯔토무 부친의 자살을 '현실로부터의 도피'라고 비난했다. 부친을 잘 알고 있는 사카모토는 취재 중 이렇게 말하기도 했다.

"가해자 가족이 죄를 저지른 본인 이상으로 괴롭다는 것을 이 사건을 통해 처음으로 알게 되었습니다."

고베 연쇄아동살상사건
피해자의 이름도 모르는 가해자 부친

1997년 2월부터 5월에 걸쳐 고베 연쇄아동살상사건이 발생했다. 14세 중학생이 두 명을 살해하고, 세 명을 중경상에 빠트린 사건이다. 머리 부분이 절단되고, 입에 '범행성명문'이 끼워져 있는 충격적인 사체가 고베의 한 중학교 정문에 놓여 있었던 사건의 엽기성과 함께 범인이 14세밖에 안 된 소년이라는 점에서 일본 전역이 그야말로 경악했다.

소년이 체포된 것은 6월 28일. 소년의 부친은 그날의 충격을 수기 《소년 A, 이 아들을 낳은……》에서 다음과 같이 기술하고 있다.

토요일이어서 가족이 모두 집에 있었다.
아침 7시가 지났는데 갑자기 경찰이 방문하여, 아들한테 듣고 싶은 이야기가 있다며 데려갔다. 저녁에 다시 방문한 경찰관은 내게 "남은 아들 둘을 다른 집에 데려 가실 수 있습니까?"라고 물어보았다. 아무 것도 모르는 아들 둘을 근처에 사는 친척 집으로 옮겼다.
아들 둘이 나가자 경찰은 내게 가택 수색영장을 내밀었다. 밤이 되자 텔레비전에서 범인 체포에 관한 뉴스가 흘러나왔다. 체포된 용의자가 어린 소년이었기 때문에 이름은 보도하지 않았다. "제 아들 일입니까?"라고 집에 있던 경찰관에게 묻자 "그렇습니다."라는 대답이 돌아왔다.
망연자실할 사이도 없이 현관 인터폰과 전화가 계속 울리기 시작했다. 경찰 말대로 겹문까지 잠갔지만 수많은 취재진이 집을 에워싼 채 계속 플래시가 터졌다.

밤이 깊어지자 가족은 경찰의 도움으로 친척 집으로 탈출을 시도했다. 우선 순찰차 두 대가 먼저 달려 나가 매스컴의 주의를 끈 뒤, 그 다음 차에 가족이 탑승하여 자택을 빠져나갔다.

그런 다음 가까운 파출소에서 경찰이 준비한 별도의 차로 갈아타고 미리 이야기를 해둔 친척 집으로 향했다.

몸을 피한 친척 집에는 매스컴이 오지 않았다. 그러나 왜 이렇게 되었는지 아무리 생각해 보아도 답은 나오지 않았고 잠은 단 한숨도 못 잤다고 한다.

그러나 7월 초 사진주간지에 소년의 얼굴 사진과 실명이 게재되었다. 일부 판매업자는 '가정재판소의 재판에 회부된 청소년범의 이름, 나이, 주소, 얼굴 등을 통해 그 사람이 해당 사건의 본임임을 알릴 수 있는 기사와 사진을 신문 및 출판물에 게재해서는 안 된다'는 소년법 61조의 규정에 따라 판매를 중지했지만, 출판사측은 판매를 결행했다. 그 경위가 알려지자 사진주간지는 오히려 화제를 불러일으켜 즉시 완판되었다.

이 무렵부터 인터넷에 소년의 얼굴 사진과 이름 등이 떠돌았고, 부친과 두 형제의 신원도 상세히 알려졌다.

7월 18일, 부친은 혼자서 외출했다. 검찰청에서 참고인 조사를 받고 돌아오던 길에 다른 사람 눈치 보지 않고 남은 두 아들을 위해 축구공을 샀다. 그리고 다음날 아침 친척 집 근처 공원에서 아이들과 함께 축구를 했다. 아이들과 축구하는 것도 굳은 결심을 해야 할 수 있을 만큼 끔찍한 상황에 몰려 있었던 것이다.

그때까지 몸을 의탁하고 있던 친척 집에도 점차 매스컴이 방문하기 시작했다. 인터폰을 몇 번이나 누르고 현관문 손잡이를 찰칵찰칵 돌리기도 하고 난폭하게 노크를 하기도 했다. 부친은 이런 일이 발생한 이상 친척에게 폐를 끼쳐서는 안 된다고 생각했다.

변호사의 도움으로 두 형제는 몇 개월 동안 교외의 한 시설에서 생활을 했다. 일본에 있는 한 두 형제에게는 사건의 그림자가 계속 영향을 미칠 것이기 때문에 해외에 유학을 보내는 편이 좋겠다고 결정되었다. 두 형제가 고향을 떠나 해외로 출발한 것은 8월 7일. 소년이 체포되고 한 달 반이 지난 시점이었다. 막내는 공항 찻집에서 주스를 마셨는데 바로 토하고 말았다고 한다.

부친은 남은 두 아들에 대하여 수기에 이렇게 썼다.

"지금도 죽고 싶다는 생각이 드는 순간이 있습니다. 그래도 이렇게 내가 견디지 않으면 나머지 두 아들은 어떻게 되고, 유족에게는 누가 사과를 하겠습니까. 남은 두 아들에게 더 이상 고통을 지워서는 안 됩니다."

부친은 자식이 저지른 죄가 무겁다는 것을 알았지만 남은 가족을 지켜야 한다는 의무감과도 싸웠다. 자식이 사건을 일으킨 것이 정말이라면 피해자에게 사죄를 해야 한다고 생각하지만, 무언가 잘못 됐을지도 모른다는 생각이 떠나지 않았다.

그러나 담당 경찰관이 던진 한마디에 자신들은 가해자 가족으로서 고통을 호소해서는 안 된다는 것을 알았다고 한다. 경찰관이 던진 질문은 이런 것이었다.

"아버님, 2월 10일과 3월 16일에 살해된 피해자의 이름을 알고 계십니까?"

부친은 피해자의 이름을 정확히 알지 못하고 있었다. 자신이 피해자의 이름도 모르고 있다는 것을 깨닫고는 깜짝 놀랐다고 한다. 경찰관은 피해자의 이름을 알려준 후 이렇게 말했다.

"사건 이후 매스컴에서 아들은 물론 가족에 대한 보도가 연일 대서특필 되어서 괴로울 거라는 것은 잘 알고 있습니다. 그러나 아버님의 자식이 살해한 피해자 가족은 그 이상으로 괴로운 나날을 보내면서 끔찍한 비극을 견디고 있습니다."

부친은 아무런 대답도 하지 못했다고 한다.

와카야마和歌山 독 카레 사건 ① 낙서

1998년 와카야마에서 일어난 독극물 카레 보험금 사기사건에서는 가해자 가족의 자택에 낙서를 하다 체포되는 사람이 속출하는 사태가 발생했다.

그해 7월 말, 와카야마 시내에서 열린 나쯔마쯔리夏祭り(여름철

에 올리는 신사의 제사) 행사에서 카레를 먹은 사람들(60여 명)이 복통과 구토를 일으켜 병원으로 실려 갔다. 이들 가운데 4명이 사망했는데, 사망자 가운데는 열 살 된 남자 아이도 있었다. 경찰은 당시 37세였던 하야시 마스미^{林眞須美}를 카레에 독극물을 넣은 용의자로 체포했다.

당시 하야시의 자택을 둘러싼 보도진은 100명 가까이 되었다고 한다. 보험금 사기라는 사건의 악질성과 함께, 체포 전 촬영된 하야시 마스미의 영상이 텔레비전에서 계속 방송되어 사건은 단숨에 유명해졌다.

당시 신문보도를 다시 살펴보았더니, 사건이 발생하고 몇 달 뒤부터 가해자 가족 자택에 낙서가 끊이지 않았다. 밤이 깊어지면 사람들이 자택으로 침입해 낙서를 했다.

사건이 일어난 다음해인 1999년에도 낙서는 그치지 않았다. 3월 26일 마이니치신문에 따르면, 전날 오사카에서 와서 낙서를 한 21세의 여성이 순찰 중인 경찰관에게 발각돼 조사를 받았다. 이 여성은 18세부터 21세의 젊은이들 다섯 명으로 이루어진 그룹의 멤버였다. 오사카 시내를 드라이브하던 중 라디오에서 하야시 자택의 낙서가 화제라는 말을 듣고, '나도 낙서해 보고 싶다'고 생각했다고 한다. 이러한 사례는 사람들이 가해자 자택에 낙서를 한다는 사실이 널리 알려졌다는 것을 말해준다. 새벽 2시가 지난 시각에 여성은 빨간 펠트펜으로 낙서를 하다 경찰에 체포되었다.

낙서는 주로 젊은이들이 했다. 5월 28일자 요미우리신문에 따르면, 전날 남자 세 명이 낙서하는 것을 이웃 사람이 신고해서 경찰이 체포해 조사했다. 혐의는 공작물훼손(工作物等汚損)의 경범죄법 위반. 낙서를 하면 재미있을 것 같아서 오사카와 히로시마에서 왔다는 이들은 친구 사이로, 21세와 22세의 젊은이들이었다.

5월 26일 새벽에는 가옥의 서쪽에서부터 남쪽 통로에 냄새 없는 노란색 액체가 뿌려졌다. 남쪽에 있는 현관문에도 같은 액체가 뿌려져 있었는데, 사건을 보도한 당시 언론은 그것을 중유(重油)라고 보도했다.

잡지 《누명 파일》에는 낙서가 있는 벽에 새로운 낙서를 덧붙인 사진이 실리기도 했다. 낙서 행위를 보도한 기사가 또 다른 낙서를 불러와 이웃사람들의 생활이 곤란할 정도로 사태는 심각했다.

마을사람들은 변호사를 통해 범인 부부에게 자택의 낙서를 제거해 달라고 요청했다. 하지만 범인 부부가 낙서 제거에 드는 비용 부담을 거부했기 때문에 낙서는 그대로 방치되었다.

사건이 일어나고 1년 6개월이 지난 후 낙서 등 가해자 가족을 괴롭히던 행동들은 생각지도 못한 결말을 불러온다.

와카야마 독 카레 사건 ② 방화

2000년 2월 16일 오전 4시 30분경, 하야시 마스미의 집에 갑자기 불길이 치솟기 시작했다.

인근의 회사원이 발견하고 119에 신고했지만 화재는 한 시간 가까이 계속되었다. 2층짜리 목조건물은 외벽을 제외하고 182평방미터의 내부가 전부 불에 타 재가 되었다. 소유주였던 하야시 마스미와 그녀의 남편이 체포된 후 1년 반 가까이 사람이 살지 않던 상태로 전기도 끊겼기 때문에 집 내부에서 시작된 화재는 아니었다. 화재 당일 오전 0시 경찰이 정기 순찰을 돌 때에도 특별한 이상이 없어서 방화로 인한 화재로 의심받았다.

그날 요미우리신문은 지역 주민의 불안을 전했다. 가까이에 살고 있는 40대 주부는 예금통장을 들고 집에서 탈출하며 '가장 우려스러웠던 일이 일어났다'고 말했다. 독극물 카레 사건의 피해자인 주민들은 공포에 질린 목소리로 "잠도 잘 수 없는 날이 다시 계속되는 겁니까?"라고 호소했다.

다음날 일간스포츠는 "이런 일이 일어나기 전에 그 집을 철거하기를 바랐습니다. 이제는 또 불탄 집을 보러 구경꾼들이 모여들면 좋겠습니까?"라며 뜻밖의 사건에 복잡한 심경인 주부의 말을 전했다. 발화 직후 현장을 떠나는 세 사람을 목격했다는 증언도 나왔다.

일전에 범인 부부에게 자택의 낙서를 제거해달라는 요청을 했다가 거부당한 이웃 주민들은 자발적으로 낙서 가득한 벽을 다시 칠했다. 범죄인의 집에 흉물처럼 써놓은 낙서를 보기 위해 몰려드는 구경꾼들로 인해 주거 환경이 황폐해졌을 뿐만 아니라, 정신적으로도 괴로워서 결국 자신들이 나서서 낙서를 없앴던 것이다.

마을사람들의 노력으로 낙서가 지워지고 구경꾼도 줄어들어 마을이 다시 안정을 찾아가기 시작할 무렵에 방화가 발생했던 것이다. 이 사건을 계기로 범인의 자택을 처분하기 위한 절차가 진행되었다.

방화가 일어나기 1년 전인 1999년 4월, 오사카 국세청은 체납한 소득세 등 7,000만 엔을 회수하기 위해 자택을 압류했다. 국세청의 압류 직후 독카레 사건의 '피해자 모임'이 신청한 가압류도 와카야마 지방재판소에서 승인되었다. 피해 보상을 받기 위해 범인 부부의 자산인 자택을 보전하기 위한 조치였다.

보도에 따르면 범인 부부의 자택 부지는 두 번의 경매를 통해 그 지역 지방자치단체가 낙찰받았다. 1995년 범인 부부가 구입할 때는 7,000만 엔이었지만 10분의 1 이하 가격으로 낙찰되었다.

지방자치단체는 부지를 정리한 후 화초를 심어서 작은 공원처럼 꾸미고 사건의 흔적을 없애버렸다. 현재 현장 사진을 보면 독극물 사건과 관련 있는 곳이라는 걸 전혀 알 수 없을 정도이다.

경제적 여유가 충분한 몇몇을 제외한 지역 주민의 대다수는 사건 이후에도 계속 그곳에서 살아가고 있는데, 주민들은 사건 현장을 볼 때마다 괴롭게도 그때의 사건이 떠오른다고 했다.

5천만 엔 갈취 사건 ① 부친의 직장에서

2000년 4월, 나고야에서 15세 소년들이 친구를 협박하여 5,000만 엔을 갈취한 사건이 발생했다. 무대는 지역의 시립중학교였다. 수십 명이 8개월 동안 130여 회에 걸쳐 중학교 3학년인 남학생을 협박하여 총 5,000만 엔을 갈취한 것이다.

중학교에 다니는 15세의 소년들이 일으킨 이 사건에 대해 사람들은 당연히 감독의 책임을 지닌 부모를 문책했다.

주범격이었던 가해소년의 부모는 뒷날 수기《우리 애가 왜?-나고야 5천만 엔 갈취사건 息子が, なぜ-名古伍千万円恐喝事件》을 발표했는데, 책에서는 사건 발생 후 부친이 직장에서 어떤 상황에 직면했었는지도 상세하게 기술하고 있다.

가해 학생의 부친은 평범한 샐러리맨으로 사건 당시 한 회사의 간부로 재직 중이었다. 사건 발생 직후 부친은 회사의 임원회의에서 자식이 일으킨 사건을 보고했다. 회사에 누를 끼칠지도 모른다고 생각했기 때문이다.

그리고 회사에 2,000만 엔의 사내 융자를 신청했다. 자식이 협박으로 갈취한 돈을 배상해주어야 한다고 생각했기 때문이다. 그러나 임원 한 명이 반대해 융자를 받지는 못했다.

회사에서 융자를 받지 못한 부친은 이후 금전 문제가 닥칠 것을 각오했다. 은행을 돌아다니며 자택의 건물과 땅을 담보로 융자를 의뢰하고, 예금을 찾고, 생명보험을 해약했으며 골프회원권마저 팔아서 배상금 준비를 했다.

직장에서는 "회사에 잘 나오시네요?"라는 비아냥을 듣기도 했으며, 관계가 돈독했던 동료마저 "자식이 체포된 후에도 계속 회사에 오는군요. 빨리 집을 팔아서라도 배상해주어야 하는 게 아닌가요?"라고 말했다고 한다.

부인과 딸을 부양하지 않으면 안 되었던 가해 학생의 부친은 일을 그만둘 수 없었다. 하지만 거래처에서 자신의 자식이 저지른 일을 알고 있는 것은 아닐까 하는 불안에 시달렸다. "바늘방석 위에 앉아 있는 기분이었습니다."라고 부친은 말했다.

심지어는 부친의 형제와 친척들까지도 모두 비난했다. 자식이 그렇게 많은 돈을 협박 갈취했음에도 불구하고 부친으로서 알아차리지 못한 책임이 있다는 것이었다.

자택의 뒷문에 둥근 고리 모양으로 만든 철사가 몇 번이나 놓여 있어서 마치 자신에게 자살을 종용하는 듯한 느낌까지 들었다고 한다. 누군가 차의 본네트에 크게 X라고 긁어놓은 적도 있고, 타이어를 펑크 낸 적도 있었다. 식사는 물론이고 밤에도 제대로 잠을 잘 수 없는 끔찍한 나날들이었다.

사건 발생 이후 9개월이 지난 2001년 1월, 부친은 결국 회사를 그만두었다. 직장의 모회사에 "공갈사건의 주범격인 학생 부모가 이 회사에 근무하고 있는 것을 어떻게 생각하십니까?"라는 두 통의 메일이 익명으로 전달되었다는 것을 알았기 때문이다. 회사에서 사직을 독촉하지는 않았지만 더 이상 부하 직원을 감독하고 지도할 수 있는 입장이 아니라고 생각해서 스스로 퇴사했다.

피해자에게 분할 변제를 시작한 것은 부친이 회사를 그만두고 수입이 끊어진 시기와 겹쳤다.

5천만 엔 갈취 사건 ② 누이에 대한 공격

가해소년의 누이들도 사건 후 궁지에 몰렸다.

사건이 발생하기 전 체육관에서 일을 하던 누이는 자신이 하고 싶었던 일이었기에 열심히 일을 했다. 그리고 미래를 꿈꾸며, 조금씩 저금도 해나갔다. 하지만 모든 것이 한순간에 사라져버렸다.

사건 발생 후 누이는 매스컴을 피해 지인의 집에서 직장을 다녔다. 그러나 그 생활도 그리 오래 지속되지는 않았다.

가해소년의 누이라는 것을 숨기며 일했지만 어느 순간 다른 사람들이 눈치 챘다는 것을 알았다. 자신에게 수영을 배우던 아이들이 갑자기 주소를 말해달라고 했기 때문이다. 다른 사람들이 남동생의 사건을 알고 있다는 사실을 눈치 챈 후 쇼크를 받은 누이는 체육관에 사직서를 제출했다.

직장을 잃은 누이는 부모가 있는 집으로 돌아왔다. 하지만 집에는 갖은 협박 전화가 그치지 않았고, 기자들의 방문도 끊이지 않았다. 현관문을 몇 번이나 두드려도 안에서 아무 반응이 없자 "누구 없습니까? 쳇!"하며 기분 나쁘다는 투로 말을 내뱉고 가버린 기자도 한둘이 아니었다.

인터넷에서는 "가해소년의 누이를 납치하여 강간해버리자."라는 글까지 올라왔다. 전혀 모르는 남자에게 쫓긴 적도 있었다. 집 주위에는 항상 낯선 차가 정차해 있고, 신기한 것을 본다는 듯 구경을 하러 오는 사람도 있었고, 인터폰을 누르고 도망치는 일은 일일이 셀 수 없을 지경이었다.

당시의 심정을 누이는 이렇게 썼다.

"갈 곳도 없고, 아무도 만나고 싶지 않고, 친구들에게조차 전화할 수 없었습니다. 사람을 만나는 것이 너무도 두려웠습니다. 그래서 차로만 다녔습니다. 의식과 감각은 거의 없어지고, 난처한 질문을 받고 눈물을 흘린 적도 많습니다."

다시 생각해보니 중학교에 입학한 후 남동생이 변하기 시작한 것 같은데 왜 자신이 빨리 알아차리지 못했는지 후회스러웠다. 사건 발생 전 누이는 동생이 비싼 물건을 가지고 다녀 몇 번이나 물어보았다. 그때마다 동생은 빠찡코에서 이겼다고 대답하거나 뭘 물어보냐고 화를 내면서 제대로 답하지 않았었다. 좀 더 끝까지 물어보았다면 좋지 않았을까 하고, 누이는 범죄의 전조를 알아차리지 못했던 자신을 책망하고, 자살까지 생각했었다고 한다. 살아가는 의미를 알 수 없었고, 날마다 울었다고 한다.

사건 발생 뒤 1년이 지나서 그 동안을 되돌아보면서 누이는 수기의 마지막에 이렇게 적었다.

"공포스러웠고 생활이 끔찍하고, 미래가 비참해도 어쩔 수 없었습니다. 매일 매일 눈물이 멈추지 않았습니다. 만약 내 입장에 처한다면 어떨까 생각해보셨으면 합니다. 인간이란 존재가 정말 끔찍하게 싫어지게 됩니다."

나가사키 남아유괴 살인사건 ① 부모도 참형에

2003년 7월 1일, 나가사키 시에서 중학 1학년 남학생이 4세의 남자아이를 살해한 사건이 발생하여 언론에 보도되었다.

체포된 남학생은 시내에 있는 가전매장의 게임 판매코너에 있던 피해 아이에게 "아빠는 먼저 갔어요, 내가 데려다 줄게요."라는 말로 유인했다. 그리고 4킬로미터 떨어진 주차빌딩으로 데려가 옷을 벗기고서 가위로 상처를 냈다. 아이가 아파서 격렬하게 저항하자 7층 건물인 주차장 옥상에서 던져버린 잔혹한 사건이다.

사건 발생 10일 후인 7월 11일. 이 사건에 관한 고노이케 요시타다^{鴻池祥肇}의 발언이 물의를 빚었다. 고이즈미 내각 시절 방재담당 장관을 지낸 고노이케 요시타다는 청소년육성추진본부 부회장을 맡고 있던 인물이다. 당일 국무회의에서 청소년범죄 등의 문제를 토의한 직후 열린 회견에서 한 발언이 문제가 되었다.

당시 신문보도 등에 따르면 발언의 내용은 대강 다음과 같다.

"이러한 청소년사건에 대하여 엄한 벌칙을 만들어야 한다. 가해 소년에게 죄를 물을 수 없다면, 그 부모를 조리돌림한 후 참수하는 게 좋다."

"청소년 범죄는 부모의 책임이다. 매스컴에도 책임이 있다. 가해자의 부모뿐만 아니라 피해자의 부모도 조리돌림 해야 한다. 책임이 있는 담임교사도 교장도 모두 조리돌림 해야 한다."

참수도 죄인을 조리돌림 하는 것도 모두 에도 시대의 형벌이다. 죄인의 머리를 자르는 것이 참수이고, 거리에서 조리돌림 하는 것은 참수 전에 형장으로 끌려가는 죄인을 군중에게 보여주는 아주 무거운 벌이다.

사극을 좋아해서 '신상필벌, 권선징악'을 주장했다는 이 방재담당 장관은 물론 하나의 비유로 이야기했겠지만, 이 발언은 많은 반발을 불러왔다. 신문과 텔레비전 등이 각계 전문가의 발언을 인용하여 부적절한 발언이라고 비난했다.

에도시대 형벌은 죄에 대한 '응보형^{應報刑}'이었지만 근대화와 함께 형벌은 갱생을 목적으로 한 '교육형^{敎育刑}'으로 바뀌었다. 특히 청소년법은 가해소년의 갱생을 목적으로 한 보호법제로 존재하는데, 그것을 무시한 발언이라는 비판이었다.

하지만 그날 장관의 사무실에 걸려온 1,000건이 넘는 전화와 메일 가운데 80퍼센트가 발언 내용을 지지하는 것이었다는 신문보도도 있었다.

고노이케 요시타다의 발언에서 알 수 있는 것은, 청소년 사건의 경우 그 부모에게 벌을 주어야 한다는 정서가 일본 사회에 강하게 뿌리내리고 있다는 사실이다.

이 사건에 대하여 가정재판소는 "친자관계가 비행에 끼친 영향이 크다."라고 함으로써, 가해소년 양친의 책임을 언급하고 있다. 성인 범죄의 경우와는 다르게 청소년사건의 경우는 부모에게 일정한 책임이 있다고 판단한 것이다.

나가사키
남아유괴 살인사건 ② 파문의 확산

가해 소년의 양친은 사건 후 잠시 세상과 매스컴을 피해 모습을 감추었다. 교도통신共同通信의 사사키 히로시 기자는 "도망친 결과 피해자 가족에 대한 사죄가 늦어지고, 부친은 요리점의 셰프 직도 잃어버렸다."고 말한다. 또한 사죄를 하지 않은 점이 피해자 가족을 더 화나게 만들어 가해 학생뿐만 아니라 양친에 대한 분노를 격하게 만들었다고 한다(《가해자 가족과 피해자 가족》 모두의 도서관).

가해 소년의 양친이 모습을 나타낸 것은 사건 발생 3개월이 지난 후였다. 10월 1일, 나가사키신문 조간 한 면에 게재되었던 양친의 말은 "살아 있는 동안 평생 피해자 가족에게 사죄하고 보상하고 싶다."는 것이었다. 피해소년의 양친은 '거짓 사죄'라고 말하며 받아들이지 않았다. 나가사키신문도 칼럼에서 가해자 양친은 자신의 아들이 사건을 일으킨 것을 알았던 시점에 바로 사죄를 표명했어야 했다고 지적했다.

사건의 영향은 단순히 가족에만 그치지 않았다. 가해학생이 다니던 중학교 학생들이 가족 다음으로 가해자와 가까운 존재로 세상으로부터 공격을 받았다.

텔레비전과 신문에서는 학교 이름을 감추고 보도했지만 인터넷을 통해 학교 이름이 알려졌다. 한 네티즌이 모자이크 처리했던 영상을 분석하여 학교 이름을 알아냈다고 한다.

인터넷에서는 가해소년의 실명과 얼굴 사진이 퍼졌다. 그 가운데는 어떤 목적이었는지 몰라도 완전히 다른 사람의 얼굴 사진이 올라온 경우도 있었다고 한다.

2003년 7월 13일 아카하타신문(しんぶん赤旗)에 따르면, 이 학교 교장은 기자회견에서 각종 협박과 비난 전화가 쇄도한다고 밝혔다. 수화기를 내려 놓자마자 다시 전화벨이 울릴 정도로 전화가 오는데 그 중 절반은 아무 말도 하지 않고 끊는다고 했다. 학교 홈페이지에는 '살인자를 육성한 학교'라는 글이 계속 올라와 결국 폐쇄하고 말았다.

사건과는 관계가 없는 학생들도 피해를 보았다. 다른 학교 학생들이 고의로 몸을 부딪치고, 교복에 단 학교 명찰이 뜯겨지는 경우도 있었다. 다른 학교 학생들의 경멸에 찬 시선에 학생들은 교복을 입고 등교하는 것을 꺼렸다. 결국 학교 측은 학생들의 요청을 받아들여 사복을 입고 등교하는 것을 허락했다.

또한 갑자기 들이닥치는 매스컴에 대처하기 위해 학부모들이 통학 길을 지켰고, 학생들은 부모들이 지켜보는 가운데 등하교를 했다.

이뿐만이 아니다. 매스컴이 촬영하는 것을 피하기 위해 창문과 커튼을 닫은 채 수업을 진행했다. 여름방학 전이어서 날씨가 더웠지만 수영 수업도 중지되었다고 한다. 학교를 방문한 학부모 협회 회장은 "교실 분위기가 무겁게 가라앉아 있었다."고 취재기자에게 말했다.

상당수의 학생들이 불면 등의 증상을 호소하여, 잠시 학교는 휴교했다.

지하철
독가스 사건 ① 이중의 고통

20세기 말 일본을 뒤흔든 지하철 사린가스 살포 사건. 1995년 3월 20일, 아침 러시아워 시간대 신경가스의 하나인 사린이 지하철에 살포되었던 무차별 테러 사건이다. 승객과 역무원 등 10명이 넘는 사람이 사망했고, 부상자는 6,300여 명에 달했다. 가해자인 옴 진리교의 간부들은 이 사건이 일어나기 6년에 전 옴 진리교의 문제를 파헤치던 변호사일가족을 살해한 '사카모토 변호사 사건坂本弁護社事件', '마쓰모토 사린사건松本サリン事件' 등 다수의 사건과도 관련되었다.

교주인 아사하라 쇼코麻原彰晃를 필두로 옴 진리교 간부들은 차례로 사형판결을 받았다. 피해가 아주 컸던 탓에 '옴'이라는 이름은 이후 일본 사회에 왠지 기분 나쁘고 두려운 것의 대명사로 널리 퍼졌다. 이로 인해 옴 진리교 간부들의 가족은 가해자 가족이자 옴 진리교 신자 가족으로서 이중 고통을 받았다.

지하철 사린 사건이 일어난 지 10년이 지났을 무렵 도쿄구치소에 있던 옴 진리교 전前 간부를 취재하러 몇 차례 면회를 갔다. 그 간부는 앞에서 이야기한 다수의 사건 관련자로서 사형 판결을 받고, 당시 상고 중이었다. 간부는 "자신을 보도하는 것은 상관없지만, 이름을 밝히는 것만은 하지 말아주십시오."라고 말했다. 보도가 되면 가족이 '○○○의 가족'이라고 세상에서 비난을 받을 터인데, 그것은 피하고 싶다는 것이었다.

실형 판결을 받았던 한 신자에게는 결혼을 한 동생 J가 있었다. 동생 J는 형이 정체를 알 수 없는 신흥종교 신자가 되었다는 것을 알고 몇 번이나 탈퇴시키려고 설득했지만 실패했다. 그 후 몇 년째 소식을 모르고 살던 동생 J는 지하철 사린 사건 뉴스를 듣고 형이 관여한 것을 알고는 충격을 받았다. 불안에 떨던 그는 '아내에게 해를 끼치고 싶지 않다.'면서 먼저 이혼 이야기를 꺼냈다.

옴 진리교 탈퇴자를 지원하는 그룹에서 동생 J와 가족에게 심리적 안정을 도모하기 위해 상담을 하는 등 여러 면에서 도와주었다. 하지만 동생 J는 어느 때부터인가 도움을 주러 지원자가 집을 방문해도 방에서 나오지 않고 대화를 거부했다고 한다.

모친은 동생의 미래를 걱정했다. 전前 옴 진리교 신자의 가족 모임에 몇 번인가 얼굴을 내비쳤던 모친은 큰아들의 이야기가 화제가 되자, 큰아들이 저지른 죄가 클 뿐만 아니라 동생 J에게도 악영향을 미친 것을 생각하고 울음을 터뜨렸다고 한다.

사건 발생 후 몇 년이 더 지났지만 괴로움 속에서 헤어나지 못하며 살아가던 동생을 구원한 것은 부인이었다. "당신과는 관계가 없는 일이잖아요."라고 말하며 이혼을 거부하고, 남편 곁에 남았다. 가해자 가족이 되어 사회적으로 완전히 고립되었지만 그래도 아내의 지원과 이해를 받은 동생은 그 후 재기를 할 수 있었다.

지하철 독가스 사건 ② 넷째 딸의 고백

사형 판결이 확정된 옴 진리교의 교주 아사하라 쇼코廳原彰晃(본명 마쓰모토 치즈오松本智津夫)의 넷째 딸 아오키 유미코青木由美子가 《옴 진리교의 신자로 살았던 날들-지하철 사린 사건 15년 후》라는 제목의 수기를 출간했다. 옴 진리교의 신자이자 마쓰모토의 넷째 딸인 그녀는 가해자 가족 중에서도 가장 최악의 조건에 속한다고 말할 수 있다. 이 수기에는 십 년이 넘도록 사건의 진상을 모른 채 살아갔던 넷째 딸의 이야기가 나와 있다. 또한 부친이 체포된 직후 자살을 기도했다는 것을 밝혀 충격을 주기도 했다. 넷째 딸은 당시 여섯 살로, 사건의 진실을 알지 못할 나이이기에 사건의 충격으로 인한 자살미수는 아니다.

옴이라는 폐쇄적인 사회에서 살았던 넷째 딸은, 부친이 체포된 것을 계기로 자신에게 전부인 사회가 붕괴되고, 형제자매처럼 지내던 사람들의 사이가 틀어지는 아픈 현실을 견뎌내야만 했다고 한다. 심장이 있는 왼쪽 가슴을 칼로 찌르려고 했지만 실패했다고 한다.

그 후 넷째 딸은 외갓집으로 떠나 '태어나서 처음으로 외부 세계와 접촉한다'. 이렇게 해서 초등학교에 다니기 시작했지만, 옴과 마쓰모토에 대한 지역사회의 강한 반감을 느끼고 학교를 그만두었다. 다시 학교에 다니기 시작한 것은 2001년 4월. 그곳에서 학급 담임으로부터 이러한 말을 듣는다.

"교장선생님에게 불려가서 갑자기 마쓰모토 짱의 담임을 맡게 되었다는 이야기를 듣고 깜짝 놀랐어요. 혐오스럽다고 말할 수도 없었지."

넷째 딸은 학교에서 왕따를 당했는데, 교사가 이렇게 냉랭하게 차별대우한 것도 영향을 주었다고 생각했다. 그때까지 옴 진리교가 일으킨 사건에 대한 진실을 알지 못한 넷째 딸은 학교에서 자신에게 가해진 왕따를 '종교탄압'이라고 느꼈다.

2003년 1월, 넷째 딸은 손목자해를 한다. 커터 칼과 가위로 2주간 매일 손목을 그었다. 일이 이렇게 되자 넷째 딸의 형제자

매가 교육위원회에 왕따 대책을 요청했다. 넷째 딸과 그의 형제자매는 교장선생님으로부터 이런 말을 들었다고 한다.

"당신들 아버지는 많은 사람을 죽였다. 그 자식이 죽는다 해도 할 수 없는 일이지 않겠나?"

이 말에 동석했던 변호사들은 술렁댔지만, 사건을 알지 못하는 넷째딸은 교장선생님이 무슨 말을 하는지 전혀 알 수 없었다고 한다.

2004년 2월 27일, 마쓰모토 치즈오에 대한 사형판결이 내려졌는데, 이로 인해 넷째 딸은 엄청난 세계관의 변화를 겪는다.

넷째 딸은 부친이 왜 사형판결을 받은 것인지 인터넷으로 조사하거나 관련 서적을 읽어나갔다. 그리고 비로소 왜 자신이 왕따를 당하고 차별을 받은 것인지 그 이유를 알게 되었다.

피해자에 대해 배상을 해주어야 할 돈으로 가해자의 딸인 자신이 학교를 다니는 등 분에 넘치게 살았다는 것도 깨달았다. 넷째 딸은 절망하고 고통스러웠다고 한다. 상담을 받으며 이 끔찍한 현실을 받아들이기 위해 필사적인 싸움을 벌였다.

사건의 진상을 알게 된 넷째 딸은 앞으로 어떻게 살아가면 좋은지 알지 못해 괴로워했다. 자신의 양친, 형제, 전前 신자, 옴 관계자 누구도 확실하게 사죄를 하지 않는 가운데, 자신이라도 사죄를 해야 한다고 생각했다.

옴 관계자들과는 연락을 끊고, PC방을 전전하며 때로는 홈리스로 살아간 넷째 딸은 수기의 최후에 이렇게 적고 있다.

"가해자 측인 제가 한순간이라도 모든 것을 잊고 즐겁게 살아가는 것은 절대로 용서받을 수 없다고 생각합니다."

지하철
독가스 사건 ③ 매스컴에 의한 누명

옴 진리교가 일으킨 중대사건의 하나인 마쓰모토 사린사건에서는 첫 신고자 고노 요시유끼^{河野義行}가 사건 발생 후 범인으로 몰리며 매스컴과 회사로부터 박해를 받았지만 나중에 죄가 없는 것이 밝혀졌다. 수기《'의혹'은 풀렸지만-마쓰모토 사린사건의 범인이 된 나》를 통해 고노 요시유끼는 사건의 경위를 밝혔는데, 이는 가해자 가족이 궁지에 몰리는 과정과 그 상황을 이해하는 데 참고가 된다.

마쓰모토 사린사건이 발생한 것은 1994년 6월 27일의 심야였다. 나가노 현 마쓰모토 시내의 주택가에서 독가스 사린이 살포되어 7명이 사망했다. 다음날인 28일, 경찰관들이 사건 경위를 듣고 싶다면서 독가스 흡입으로 입원하고 있던 고노를 찾아왔다.

이날 집을 지키던 장남 H는 '집에 걸려오는 전화가 부서졌다'고 말한다. 고노는 장남 H에게 전화의 용건을 모두 메모해 두라고 전했다. 사건 발생 다음날부터 매스컴의 취재 및 문의 전화뿐만 아니라 비난과 협박 전화도 시작되었다.

매스컴은 28일 아침부터 고노의 집 정원에 들어와서 카메라로 곳곳을 촬영하고, 독가스로 죽은 개의 영상을 찍었다. 경찰과 소방관을 포함해 100명 가까이 되는 사람들이 고노의 집 정원을 주목한 배경은 '농약이 대량으로 발견된 이 집이 사건 발생의 진원지'인 것 같다는 추측 때문이었다.

그날 저녁 각종 매스컴들이 "살인 용의자로 첫 신고자인 회사원 고노 요시유끼의 자택이 가택수색을 받고 있다."는 속보를 내보냈다.

다음날인 29일, 각 조간신문에는 고노가 범인이라는 듯한 기사가 지면을 채웠다. 고노의 집에서는 전화벨 소리가 그치지 않았다. 장남 H에 따르면 매스컴의 취재 전화와 협박·비난 전화가 절반을 차지했다고 한다.

그 다음날도 협박과 비난 전화는 계속되었다. "주로 중년 남자들이 전화를 걸었는데, 비난의 말은 점점 더 심해져서 마쓰모토를 떠나라는 사람도 있었다."고 한다. 사건발생 이후 놀란 장남 H는 이날 결국 근처 교회로 피신하고 말았다. 집 앞에는 단순한 호기심으로 "여기가 그곳일까?" 하면서 구경하는 사람도 있었다.

텔레비전과 신문에서 연일 보도가 나가자 막연한 의심이 고노가 범인이라는 확신에 찬 분위기로 바뀌어 갔다. 고노는 담당 경찰관에게 "독가스를 제조한 고노 요시유끼가 유력한 용의자다."라는 내용의 발표를 했는지 물었지만, 그와 같은 발표는 없었다고 했다.

그렇다면 이 정보는 어디에서 나온 것일까. 나중에 알려진 바에 따르면, 모 기자가 이른바 '야간순찰'로 경찰서에서 얻은 미확인 정보가 원천이었다. 공식 발표가 아닌 비공개 취재에서 얻은 정보로 제멋대로 범인이 만들어졌던 것이다.

사건 발생 후 한 달이 넘도록 고노의 집에는 협박과 비난 전화가 계속되었다. 독가스 피해 후유증으로 병원에 입원해 있던 고노는 집에 돌아온 후에도 한밤중까지 협박과 비난 전화가 끊이지 않아 수면제를 먹지 않으면 잠을 이룰 수 없었다.

사회 전체가 고노를 범인으로 의심하는 분위기 속에서도 장남을 비롯한 가족들은 고노의 말을 믿었다. 퇴원한 고노에게 장남은 이렇게 말했다.

"혹시 체포되더라도 부끄러워할 짓은 하지 않았으니까 당당하게 가슴을 펴고 다니세요. 손가락질 하는 사람들이 있다면 그 사람들이 잘못된 거예요. 그 사람이 불쌍한 인간이에요."

범인 취급을 받았지만 고노가 일하는 회사에서는 "사실관계가 명확하게 판명날 때까지 냉정을 유지하자."며 관대했는데, 이것이 고노에게는 도움이 되었다. 결국 1년 후인 1995년 3월에 일어난 옴 진리교의 지하철 사린 사건을 계기로 고노에 대한 의심은 사라졌다. 합리적이고 결정적인 근거도 없이 너무도 빠르게 자신을 범인인 것처럼 다루던 매스컴에 대해 고노는 훗날 다음과 같이 심정을 토로했다.

"사건 발생 후 불과 23시간 만에 경찰이 범인으로 낙인을 찍자 매스컴은 이틀 만에 제대로 확인도 하지 않은 채 범인으로 확정해 보도해버렸다. 아무리 스피드 시대라지만 이건 빨라도 너무 빠른 것은 아닐까요?

야마나시^{山梨} 유아유괴 살인사건

가해자 가족에 대한 공격은 최근 생긴 현상이 아니다.

1980년 8월 2일, 5세의 유아가 유괴된 후 살해되는 '야마나시 유아 유괴살인사건'에서는 범인의 가족이 살던 집에 돌이 투척되고, 방화도 일어났다.

이 사건에서는 2주간 30회에 걸쳐 몸값을 요구하는 전화가 걸려온, 유괴사건으로서는 전대미문의 사건이었다. 8월 15일에 전기공사 사업을 하는 남성 K가 체포되었으며 야스다 요시히로 변호사가 변호를 담당했다.

야스다는 《산다'는 권리》에서 범인 K의 가족이 받은 '학대'

나 '박해'에 대해 기술하고 있다. 불 붙인 휴대용 프로판 가스를 집에 투척해 불을 지르는 것은 무언의 협박전화나 인터넷 상의 공격과는 달리 무시무시한 물리적 폭력이자 박해였다.

견딜 수 없었던 K의 부인은 천식을 앓던 장남과 초등학생인 자녀 두 명을 데리고 지역에서 도망쳤다. 그 후 다른 마을에서 이름을 숨긴 채 작은 음식점을 경영하면서 생계를 꾸려갔다.

공판에서 증언대에 선 K의 부인은 괴로워서 몇 번이고 삶의 의지가 꺾였지만 "아빠를 돕고 싶어요."라는 아이들의 말에 위로를 받아 힘을 내 살아냈다고 말했다.

"남편의 죄는 내 죄입니다. 변호사로부터 여러 가지 사실을 들었습니다. 남편이 죄를 저지르도록 만든 것은 저입니다. 저는 남편과 같은 죄인입니다. 저도 남편과 같이 벌을 받아야 한다고 생각합니다."

K는 전기공사 사업을 시작했지만 좀처럼 공사를 수주하지 못하고 빚만 늘어갔다. 도리가 없어 처가에서 자금을 지원받아 급한 상황을 넘겼다.

그러나 그 후로도 원가를 낮춰 공사를 수주하는 등 무리를 했고, 회사 상황은 회복할 수 없을 정도로 나빠졌다. 처가에 자금을 더 빌려달라는 요청을 하지 못 하고 전전긍긍하던 그는 결국 범행을 저지르고 말았다. 부인은 그 경위를 알고 있었기 때문에 자신에게도 책임이 있다고 느꼈다.

자신들의 죄에 대한 벌을 엄하게 다스려달라는 부인의 말에 재판관 세 명은 눈물을 애서 참으며 고개를 숙인 채 잠시 말을 못했다고 한다. 하지만 공판이 진행되면서 부인은 K와의 면회를 꺼렸다. 공소심에 들어가자 야스다가 몇 번이나 면회를 의뢰했지만 한 번만 구치소를 방문했으며 이후 다시 면회를 오지 않았다.

사건 이후 냉혹한 현실에 내몰리고 자녀들을 혼자서 양육해야 하는 아내 입장에서 보면 당연한 일인지도 모른다. 야스다는 "자신들을 고통 속으로 내몬 남편에 대한 분노와 불신이 커졌는지도 모른다."고 말했다.

나고야 여대생 납치살인사건

1980년에 발생한 나고야 여대생 납치살인사건. 마침 텔레비전에서 아침 와이드쇼가 본격적으로 시작되던 시기여서 대대적으로 보도가 되었고, 가해자 가족은 그야말로 궁지에 몰렸다.

이 재판의 변호를 담당한 야스다 요시히로安田好弘는 자식 S의 사형집행까지 지켜보았던 모친에 대하여 같은 책 《'산다'는 권리》에서 상세하게 다루었다.

사건은 나고야의 유명대학에 다니는 여대생을 납치한 후 몸값을 요구하다가 살해한 사건이다. 유부남인 S는 애인과의 이중생활로 많은 빚을 지다가 경마·경륜으로 일거에 역전을 노렸지만 빚만 더 늘어 결국 범행에까지 손을 뻗쳤다.

피해자 집에 협박전화를 건 범인의 목소리가 텔레비전에서 보도되면서 공개수사가 시작되었다. 텔레비전에서 범인의 목소리를 듣고 가장 먼저 알아차린 이는 S의 모친이었다. 아들의 목소리가 틀림없다는 것을 확신했다고 한다. 곧바로 S를 불러서 "네가 범인이 아니냐?"고 물었다.

강하게 부정하는 S의 설명에도 미심쩍었던 모친은 아들을 자신의 집에 재우면서 계속 감시했다. S가 도망을 가거나 자살을 시도하면, 피해자의 행방을 알 수 없을 거라고 생각했기 때문이다.

그 후 사건의 진상이 밝혀지고 S는 체포되었다. 납치한 여대생을 살해하여 사체를 기소카와^{木曾川} 강에 버렸다는 진술을 받아내자, 대대적인 수색이 시작되었다. 그러나 3개월이 지나도 사체는 발견되지 않았다. 수색에는 지역 주민도 참가하였으며 연일 텔레비전에 보도되었다. S의 모친은 자식이 너무도 큰 죄를 저질렀다는 생각에 사체의 수색에 참가하기도 했다.

S에게는 아내와 자식이 있었다. 부인은 아이들에게 "아빠는

바다에 낚시하러 갔다가 사고로 죽었어요."라고 이야기했다고 한다. S는 아이들에게 피해를 주지 않기 위해 아내와 이혼하고 연락을 끊었다.

모친은 이 사건으로 인해 일자리를 잃고, S의 형인 장남가족과도 연을 끊었다. 아들 S와 함께 자신이 책임을 지고, 사건과는 직접적인 관계가 없는 장남 가족을 보호해주고 싶다는 생각에서 나온 행동이었다.

중대 사건을 수없이 다루어온 변호사들은 한결같이 가해자 모친의 중요성을 이야기한다. 사형과 무기징역의 판결이 내려져도 끝까지 가해자를 버리지 않는 것은 모친뿐인 경우가 대부분이라는 것이다. 형제나 배우자, 부친은 인연을 끊어도 모친만은 죄 지은 자식이라도 대부분 연을 끊지 않는다고 한다.

S의 모친도 그랬다.

1심과 2심 재판에서 사형판결이 내려지고, 대법원에서 형이 확정되었다. 모친은 괴로웠을 것이 틀림없지만 나고야 구치소에 수용되어 있던 S를 늘 면회하러 왔다. 모든 가족과 인연을 끊고 고립무원이 된 S와 그의 모친은 15분밖에 주어지지 않는 면회를 수없이 이어갔다.

1995년 12월 21일 아침이었다. 모친이 S를 면회하러 구치소를 방문하자 "지금 바쁜 일이 있으니 오후에 방문해주십시오."라는 교도관의 말을 들었다. 오후에 다시 구치소에 찾아가자 "오늘 아침, 이별을 고했습니다."라며 사형 집행을 알려주었다.

살아 있는 동안 S는 구치소에서 신실한 기독교 신자가 되었다. 그리고 4개월 후에 사형이 집행되었다. 모친은 S가 구치소에서 매일 열어보았던 성서를 유품으로 받았다. 야스다는 S와 모친의 이야기를 생각하면 슬픔으로 "가슴이 무너진다."고 한다.

무죄가 밝혀져도 인생은 끝장난다

최근 억울한 죄로 사형판결을 받았던은 사람이 뒤늦게 무죄로 밝혀진 사실이 잇달아 폭로되고 있다.

억울한 죄로 누명을 쓴 사람과 그 가족이 몇십 년에 걸쳐 고통 받았던 것을 생각하면 어처구니없는 그 불합리함에 가슴이 아프다. 그런데 이처럼 어처구니없게 사형판결을 받은 중대사건이 아니어도 우리 주변에서 억울한 죄를 뒤집어쓰는 경우는 의외로 많이 있다.

규슈공업대학九州工業大學 교수로 사형법학 전공인 사토 나오키 佐藤直樹가 《세상의 눈》에서 지적하고 있는 것은, 억울한 누명임에도 불구하고 한때 체포되거나 용의자가 되었다는 것만으로 사회에서 왕따를 당하는 현실이다.

2000년 8월, 건축회사를 경영하는 중년 남성 M이 자신도 모르는 혐의로 체포되었다. 지인 K가 그를 난데없이 강제추행죄로 고소했던 것이다. 이후 K의 주장은 모두 허위 사실로 판명이 났지만, M은 무슨 연유인지도 모른 채 19일 동안이나 구속되었다.

혐의 없음으로 풀려났지만, 억울한 누명으로 M의 인생은 나락으로 떨어진다. 24년간 경영하던 회사는 체포된 지 1년 후인 2001년 8월 폐업했다. 사건을 계기로 거래가 감소하여 매출이 반 이하로 떨어졌기 때문이다. 당시 가호쿠신문河北新報 보도에 따르면 M은 부도 이후 전기점 판매원으로 일하며 하루살이 생활을 해나갔다.

M의 체포로부터 3년 후인 2003년 8월 K는 후쿠시마 지방재판소에서 무고죄로 징역 1년의 실형판결을 받았다. M은 K의 무고로 자신의 삶이 파탄 난 것을 생각하면 "1년형은 판결이 너무 가볍다."고 보도진에게 말했다.

객관적인 사실로 보면 M은 K의 허위고소로 단순 용의자가 되었을 뿐이다. 무죄가 될 가능성이 있었음에도 불구하고 M은 회사를 폐업하지 않을 수 없는 상황으로까지 내몰렸다. 억울하게 누명을 써도 만일 체포되거나 수사 대상이 되면 그것으로 그 사람의 인생은 끝이 나고 마는 것이다.

사토는 이렇게 지적했다.

"법률상 M에게 죄가 없다는 것을 알아도 일단 체포된 사람은 세상에서 용서하지 않는다. 세상에는 그런 게 통하지 않는다. 세상에서는 인권과 권리가 통하지 않는다."

앞에서 이야기 했듯이 마쓰모토 사린사건에서 범인 취급을 받았던 고노 요시유끼는 그 사건으로 사회적인 모든 지위를 한순간에 잃어버렸다.

전국 뉴스에는 보도되지 않는 지방에서 일어난 강제추행죄라도 용의자가 되는 순간, 이제껏 쌓아왔던 인생은 하루아침에 붕괴되고 만다. 사건의 크고 작음이 피의자에 대한 사회적 제재의 경중을 결정하는 것은 아니기 때문이다.

아키타 연쇄 아동살해사건

2006년 4월 9일 아키타 현 후지사토 마을에서 초등학교 4학년 여자아이가 행방불명되었다가 다음날 아침 가까운 하천에서 변사체로 발견되었다. 한 달 후인 5월 27일에는 여자아이의 이웃에 살던 초등학교 1학년 남자아이가 행방불명되어 역시 다음날 같은 하천에서 사체로 발견되었다.

6월 4일, 살해된 여자아이의 모친인 하타케야마 스즈가기 용의자로 체포되었다. 체포 전 범인이 보도진을 상대하는 모습이 텔레비전에서 계속 센세이셔널하게 보도되었다. 그 후 공판에서는, 1심과 2심 모두 무기징역 판결이 내려졌다.

공판 중 피고는 남자 아이의 살해에 관해서는 인정했지만 자신의 딸에 대해서는 사고사라고 주장하는 등 증언내용이 오락가락했다.

하타케야마 스즈카에게는 네 살 어린 남동생이 있다.

사건이 일어난 지 2년 후 《주간신초》는 〈남동생의 절망〉이라는 기사를 게재했다.

사건 발생 1년 전에 뇌경색으로 입원해 있던 부친은 사건 1년 후에 사망했는데, 비참한 최후였다. 죽음 직전 부친은 부인(하타케야마 스즈카의 어머니)과 인연을 끊었으며, "손녀를 살해한 딸을 절대로 용서할 수 없다."고 단언했다고 한다. 이혼을 당한 부인은 장례식에 참석하는 것도 허락되지 않았다.

누나가 체포된 지 10개월 후인 2007년 3월 말 동생은 근무했던 운전대행 회사를 퇴직했다. 친구들에 따르면 취한 손님이 "하타케야마 스즈카의 동생입니까?"라고 하면서 휴대전화 카메라를 들이대고, 쓴웃음을 지으면 "당신이 웃으면 안 될 텐데?" 하는 비난이 수없이 되풀이되었고 더는 일할 수 없어 그만두었다고 한다.

《주간신초》에 따르면 회사를 그만둔 동생은 공공직업안내소에 다닌다고 한다. 면접에서 누나의 사건을 숨기지 않고 이야기해, 일자리는 좀처럼 찾을 수 없었다. 결국 동생은 생활보호 수급을 받기 위해 자신 소유의 경차마저 처분했다고 한다.

이 무렵 하타케야마 스즈카의 동생을 만났던 친구는 오랜만에 본 친구가 눈은 푹 들어가고, 몸이 많이 야위었었다고 말한다.

"사람들과 함께 밥을 먹는 것이 오랜만이야. 이렇게 같이 밥을 먹으니 맛있네."라고 말하면서도 사건 뒤 식사를 제대로 못한 탓에 위가 줄어들어 이날도 식사를 거의 하지 못했다고 한다.

이 기사가 게재된 것은 센다이 고등법원에서 2심 공판이 시작되기 전이었다. 1심 공판에 참석했던 동생은 2심에는 가고 싶지 않다고 친구에게 이야기했다. 누나에 대해 절망했던 것인지 다음과 같은 말을 했다고 한다.

"피해자 가족 모임은 있는데, 왜 가해자 가족 모임은 없는 것일까. 모두 어떻게 살아가고 있을까……."

남편이 죽기 직전 이혼한 모친은 그 후 세상에서 자취를 감췄다. 이전부터 다리가 안 좋았는데 1심 공판에는 아들과 함께 참가했다. 딸에게 무기징역 판결이 내려진 후에 다리 수술을 하고 퇴원한 후에는 친정에 몸을 의지하고 있다고 한다.

2010년 1월부터 2월에 걸쳐 농북시방에 있는 동생의 자태에 취재 요청 편지를 몇 번이나 보냈지만 답장은 없었다.

교통사고로 인한 비극 ① 자살한 가해자 가족

교통사고의 경우에도 가해자 가족은 비참한 길을 걷는다.

교통사고 통계 연보에 따르면, 2008년 1년간 일어난 교통사고는 76만 6417건으로, 515명이 희생되었다. 부상자 수는 94만 5504명에 이른다. 이만큼 수많은 피해자와 가해자가 있는 셈이다.

자신의 가족이 살인 등의 끔찍한 범죄를 저지른다는 것은 상상할 수 없는 사람이라도, 가족이(혹은 자신이) 교통사고를 일으킬지도 모른다는 두려움은 누구에게나 있다.

교통사고의 가해자가 되면 본인과 가족은 대부분 고액의 배상금과 위로금 등의 금전적인 부담을 지게 된다. 가해자가 사고를 낸 후에 도주를 한 뺑소니 사망사고에서는 죄의식에 시달리다가 스스로 목숨을 끊는 경우도 많다.

가해자뿐 아니라 그 가족도 자살로 몰리는 경우가 있다.

2001년 1월 2일 오전 4시. 이바라키茨城 현 H시 주택가에서 화재가 발생했다. 발화지점인 목조 2층의 주택 약 95평방미터가 전소되었다. 불은 인접한 주택에도 번져, 결국 주택 3채가 전소되어 재가 되었다. 불탄 주택에서는 여성의 사체가 발견되었는데, 발화지점인 집에 살고 있던 57세의 주부였다. 근처 가게에서 파트타임 점원으로 일을 하며 62세의 남편과 둘이서 살아가던 주부였다.

화재가 나기 9일 전 남편이 이바라키 현에서 자동차 사망사고를 일으키고 도주했다. 그 후 남편은 업무상 과실치사 용의로 체포되었다. 당시 이 화재를 보도했던 요미우리신문에 따르면 경찰은 이 주부가 분신자살을 기도했을 가능성이 있다고 본다.

크리스마스이브에 남편이 일으킨 뺑소니 사망사건과 정월 초 새벽녘에 발생한 부인의 분신자살. 아무런 죄도 없이 희생당한 피해자의 비탄과는 비교할 수 없겠지만, 가해자와 그 가족이 짊어지는 십자가도 이처럼 무겁다.

동반자살에 이르는 경우도 많다.

2002년 6월 15일 아침, 나라 현 깊은 산속 농가에서 동반자살한 것으로 추정되는 노부부가 발견되었다. 남편은 75세, 부인은 76세. 머리부터 피를 흘리고 쓰러져 있던 사체 곁에는 유서와 산탄총, 도끼날 길이 15센티미터의 도끼가 놓여 있었다. 경찰은 남편이 도끼로 아내를 살해한 다음 산탄총으로 자살을 한 것으로 보고 있다고 요미우리신문은 보도했다.

동반자살한 남편은 한 달 전 뺑소니 사망사고를 일으켰었다. 5월 14일, 국도에서 소형 트럭을 운전하던 중 이웃에 사는 86세 할머니를 치어 사망케 했다. 남편은 사고 현장에서 도주했지만 1시간 후 업무상 과실치사 혐의 등으로 체포, 기소되었다가 월

말에 보석으로 풀려났다.

사망한 부인은 건강이 좋지 않아 동생이 간호를 하러 집에 드나들었다고 한다.

유서에는 "사고를 당한 유족에게 죄송합니다."는 내용이 있었으며, 간호를 하러 드나들었던 여동생은 형부가 깊이 반성하고 있던 모습을 보았다고 한다. 기사는 "경찰은 뺑소니 사고로 인한 괴로움으로 동반자살한 것으로 본다."고 전했다.

죄의 대가를 가해자 한 사람만 짊어지는 게 아니라는 것을 이 동반자살은 생생하게 보여주고 있다.

교통사고로 인한 비극 ② 오빠의 죄를 뒤집어 쓴 동생

뺑소니 사망사건의 가해자 가족이 경험한 비극의 예가 하나 더 있다. 1987년 9월 7일 밤, 지바 현 K시를 가로지르는 국도에서 자전거를 타고 가던 고등학생이 달리던 승용차에 치였다. 승용차는 그대로 달아났다.

사고가 난 지 한 시간 정도 후에 근처에 있는 경찰서에 오누이가 자수를 하러 왔다. 23세의 오빠와 19세의 여동생이었다. 여동생은 "제가 운전했습니다."라고 말했다. 그날 밤 차에 치였던 고교생은 사망했다. 경찰은 업무상 과실치사와 도로교통법 위반 혐의로 여동생을 체포했고, 오빠는 귀가했다.

그러나 이 자수는 가해자 가족의 고뇌의 결단이었다. 다음날 상황이 급변했다.

사고가 난 다음날 오후, 체포된 여동생이 "운전한 것은 제가 아니라 오빠였습니다."라고 고백했다. 오누이의 집은 가게를 운영했는데 부친이 발을 다쳐 일을 할 수 없게 되자 오빠가 가게 일을 도맡아 했다. 오빠가 가장인 셈이었다.

여동생은 전날 밤 거짓 진술을 했던 이유에 대하여, "집안의 기둥인 오빠가 체포되면 가족이 먹고 살 수 없기 때문에 제가 대신 죄를 뒤집어썼습니다."라고 설명했다. 경찰은 급히 오빠를 불러 사건을 재조사 하기로 결정했다.

그런데 112로 신고가 들어왔다.

오빠가 자택 뒤 둑에 있는 나무에 로프로 목을 매달아 자살한 것을 근처 주민이 발견해 신고했던 것이다.

신고를 받은 경찰이 급히 현장에 도착했을 때 자택 침대에서는 유서가 두 통 발견되었다. 한 통은 부모님에게, 나머지 한 통은 여동생 앞으로 되어 있었다. "죄송합니다."라고 사고를 일으킨 것에 대해 가족에게 사죄하는 말이 적혀 있었다.

경찰은 여동생을 일단 석방했지만 범인 은닉 혐의로 조사를 진행했다. 가해자가 된 오빠를 위해 스스로 죄를 뒤집어쓴 여동생. 그런 결심 뒤에는 가해자 가족으로서의 자책감과 장래에 대한 불안이 있었을 것이다. 그러나 결과적으로 오빠의 자살이라고 하는 돌이킬 수 없는 결말, 더 큰 비극을 맞게 된 것이다.

교통사고로 인한 비극 ③ 시청에 쇄도한 비난

교통사고 가해자 가족의 고통을 살펴보았는데, 이제부터는 가족은 아니지만 가해자의 주위에 있는 관계자들에게도 비난이 쇄도한 사례를 살펴볼 것이다.

2006년 8월 25일 밤, 후쿠오카 시 해안도로에서 차량 충돌사고가 발생하여 아이 세 명이 사망했다. 여름휴가도 끝나갈 무렵, 곤충채집을 하고 집으로 돌아가는 길의 일가족 5명이 타고 있던 차가 추월당하면서 옆차에 부딪쳐 15센티미터 정도의 도로 턱을 넘어 높이 1미터의 금속 난간을 들이받고 바다로 추락했다.

사고를 낸 운전자는 후쿠오카 시 동물관리센터에서 들개 포획과 예방접종 등을 하는 22세의 직원이었다. 사고 차량에는 19세의 남성도 동승하고 있었는데, 후쿠오카 번화가에 있는 작은 식당에서 술을 마시고 돌아가는 길이었던 것으로 밝혀졌다.

이 사고 후 후쿠오카 시에 비판이 쇄도했다.

사고 다음날, 후쿠오카 시의 Y시장은 2016년 하계올림픽 유치를 위한 텔레비전 생방송 출연을 위해 찾아간 민간방송국 스튜디오에서 시청 직원이 체포되었다는 보고를 들었다. 시장은 방송에서 올림픽 유치를 시민에게 호소할 예정이었지만 계획을 바꾸어 시청 직원이 일으킨 사건에 대한 사죄를 했다.

"시민에게 봉사를 해야 할 직원이 중대한 사고를 일으킨 점에 대해 깊이 사과드립니다."

다음날인 27일 밤, 시장은 장례식장을 방문하여 유족에게 다시 사죄했다. 사망한 아이들의 부친은 "우리들의 심정을 이해할 수 있습니까?"라며 시장에게 고함을 쳤고, 아이들의 할아버지도 "시청 직원의 교육을 도대체 어떻게 하신 겁니까?"라고 분노를 터뜨렸다.

이 사건이 일어나기 3주 전에도 시청의 수도국 직원이 음주사고를 일으켜 정직처분을 받은 적이 있었다. 잇달아 일어난 사고 때문에 시청에는 2,000여 건의 항의가 쇄도했다. "공무원의 도덕적 해이" "직원 교육을 도대체 어떻게 하는 겁니까?"라고 질타하는 내용의 전화와 메일이 끊임없이 밀려들었다.

시청 직원들은 이 무렵 일이 손이 잡히지 않을 지경이었다고 한다. 이러한 시민들의 비판을 받자 후쿠오카 시는 올림픽 유치를 위해 계획했던 이벤트를 잇달아 중단했다. 올림픽 국내 유치의 결정이 4일 후로 임박한 때였다. 결국 올림픽 유치 후보지는 도쿄로 최종 결정되었다.

가해자가 소속된 '가족'에게 향하던 "당신들도 같은 죄를 지은 거야."라는 분노가 이 경우에는 '시청 직원'인 가해자가 속한 조직을 향한 것이다. 이 경우 가해자가 소속된 조직이 공적 기관일수록 조직의 책임을 강하게 요구하는 경향이 있다.

이 사고에는 또 다른 후일담도 있다.

사고가 난 지 1년이 되기 하루 전날인 2007년 8월 24일, 후쿠오카 시청 직원 I가 또 음주사고를 일으켰다. 사고는 23일 밤 9시 39분 경 일어났다. 출장소의 시민계에 근무하던 42세의 직원이 운전하는 오토바이가 승용차와 충돌하는 사고였다. 급히 도착한 경찰 조사로 시청 직원이 음주운전을 했음이 밝혀졌다.

그날 I는 시청에서 열린 시민계 회의에 참석했다가 저녁 6시 경부터 가까운 술집에서 뒷풀이 모임을 가진 후 귀가하는 길이었다. 당시 보도에 따르면, 뒷풀이 모임에서는 얼마 전에 일어난 기타큐슈 시 직원의 음주사고가 화제에 올랐고, 아무쪼록 음주운전은 하지 말자는 이야기도 나왔었다고 한다.

시장(1년 전과는 다른 사람)은 긴급 기자회견을 열어 사죄했다. 그러나 시민들의 분노는 그치지 않았고 시청에는 하루 평균 120건이 넘는 항의전화가 쇄도했다.

조류 인플루엔자 _농장 주인의 비극

2004년 3월 8일 아침, 효고 현 히메지 시에서 양계장을 경영하는 A농장 경영자 부부가 나무에 목을 매 자살했다. 회장 A씨는 67세, 부인은 64세였다. 같은 날 고베신문 보도에 따르면, 자택의 부엌에서 "폐를 끼쳐 정말 죄송합니다."라는 글 마지막에 A의 도장이 찍혀 있는 유서 같은 것이 발견되었다.

A회장 부부가 자살에 이른 데에는 가해자 가족이 사건 후에 직면하게 되는 냉혹한 현실이 잘 드러난다. A회장이 처했던 상황이 가해자 가족들과 흡사했기 때문이다. A회장은 자신이 직접 가해행위를 한 것은 아니었지만, 부작위(해야 할 일을 하지 않은 것을 가리키는 법률용어_역주)로 인해 피해를 준 비행 청소년의 부모와 입장이 유사했다.

A농장은 2007년 효고 현 내 양계업계에서 매출 규모 수위를 자랑하는 회사였다. 양계장을 교토 부에 1곳, 효고 현에 3곳, 오카야마 현에 1곳을 운영하면서 채란용 닭과 비료용 닭 등 총 175만 마리의 닭을 사육했다.

하지만 2월 27일, 교토 부 보건소에 익명의 제보가 들어왔다. 제보를 받은 보건소가 A농장의 양계장을 검사한 결과 닭들이 조류 인플루엔자에 감염된 것으로 판명되었다. 게다가 닭 출하처와 인근 양계장에서도 감염이 발견돼 A농장의 닭들이 감염원으로 의심받았다.

A농장에는 심한 비난이 쏟아졌다. 조류 인플루엔자로 인한 닭의 대량폐사라는 심각한 사태가 올 것을 왜 간과했는지, 왜 행정기관에 통보하는 것을 미루었는지 책임을 묻는 것이었다.

닭의 대량폐사가 확인된 직후인 3월 2일, A회장은 기자회견을 열어 보도진 앞에서 입을 열었다.

"이전에도 장염으로 인한 닭의 대량폐사가 있었기 때문에 인플루엔자는 아닐 거라고 생각했었습니다."라는 답변이었지만, 조류 인플루엔자 감염을 알고 있었으면서도 덮어두었던 것은 아닐까 하는 지적과 더불어 A회장의 발언이 '무책임'하다며 한층 더 강한 비난을 받았다.

고베신문에 따르면 A회장은 일본 양계단체의 간부를 맡고 있었는데, 비난의 집중포화를 받는 가운데 임원직 해임을 통보받았다. 또한 효고 현 양계업 조직의 리더 위치에서도 사퇴했다.

이 무렵 교토 부 경찰은 조류 인플루엔자를 행정기관에 통보하지 않았다는 이유로 가축전염병 예방법 위반 혐의를 적용하여, A농장의 간부와 사원에 대한 수사를 시작하기로 결정했다.

자살 전날인 3월 7일 저녁, A회장은 변호사와 회사 사장으로 일하는 장남과 함께 다시 기자회견을 열었다. 1시간 30분에 걸쳐 기자들의 질문에 답을 하고, 사태에 대한 설명을 했다. 그리고 그 다음날 부부가 목을 맨 모습으로 발견된 것이다.

왜 A회장을 비롯한 회사 관계자들은 조류 인플루엔자의 심각성에 대해 생각하지 못했던 것일까, 왜 행정기관에 통보하는 것을 미루었을까? 다른 양계사업자에게도 일어났을지 모를 그러한 사태에 대한 원인규명은 이루어지지 않고, A회장 부부의 자살로 인해 비난은 잦아들었다. 장남인 사장에게는 집행유예형이 선고되었고, A농장은 파산을 신청했다.

사태의 심각성을 간과하고 사회를 혼란에 빠뜨린 A회장의 잘못은 결코 용서될 수 없는 일이었다. 그러나 잘못을 지탄 받고 당사자가 급기야 자살하는 상황에까지 이르렀어도 사태에 대한 원인 규명과 재발 방지로는 이어지지 않았다.

가해자 가족에 대한 최초의 전국 조사

2010년 4월 5일, 범죄 가해자 가족에 관한 전국조사가 공표되었다. 최초로 실시된 가해자 가족에 대한 전국 조사였다.

센다이 세이요가쿠인仙台靑葉學院 단기대학의 정신간호학과 다카하시 사토미 강사와 센다이를 거점으로 가해자 가족에 대한 지원을 하고 있는 시민단체인 '월드 오픈 하트'의 아베 쿄코 대표가 중심이 된 연구반이 시행한 조사였다.

설문지를 배포한 1,500여 가족 가운데 회답을 해온 것은 37가족이었다. 모두 가족의 일원이 살인 혹은 강도 등의 죄를 저지른 가해자 가족들이다. 회답률이 낮은 것은 "가해자 가족에게 발언할 권리가 있을까요?"라고 느끼기 때문일 거라고 아베 쿄코는 생각했다. 가해자 가족이 '고충'으로 꼽은 것을 열거해

봤다.

1. 사건에 대해 마음 놓고 이야기할 수 있는 사람이 없었다 67%
2. 피해자와 유족에 대한 대응이 괴롭다 63%
3. 신문 등에서 보도된 것에 쇼크를 받았다 58%
3. 형사 절차에 대하여 알지 못해 불안했다 58%
5. 경찰과 검찰청의 조사가 고통스러웠다 57%

그외 이 책에서 다루었던 사회적인 제재에 관련된 것에 '사람들의 시선이 신경 쓰여 외출할 수 없었다'가 52%, '괴롭힘과 협박 등을 받았다'가 38%에 이르렀다. 각각의 비율이 약간 적은 듯 느껴지는 것은 설문회답을 보낸 가해자 가족 대부분이 중범죄가 아닌 경미한 범죄의 경우였기 때문인 것으로 풀이된다.
　자유기술난에 '자살 시도를 한 적이 있다', '자살을 생각해 보았다'고 쓴 사람도 있어, 실제로 자살을 한 가해자 가족 외에도 자살 예비자가 적지 않다는 것이 명확해졌다.
　'우울 척도'라고 부르는 앙케이트 수법을 사용하여 정신건강 상태를 분석했을 때 우울상태에 있는 사람은 34%를 넘었다. 피해 내용이 인명과 관계된 경우 우울 상태에 빠지기가 더 쉽다는 것도 밝혀졌다.

이 조사 결과를 본 아베는, '가해자 가족은 고립되는 경향이 있다'는 것을 새삼스레 다시 알게 되었다고 말한다. 이러한 고충에도 불구하고 사건에 대해 상담할 상대가 없었다는 가해자 가족이 많았다. 경찰청이 관할하는 사회안전연구재단이 2009년에 연구비를 조성하여 이에 대한 조사가 이루어졌다. 시민의 안전을 위해 필요한 시책을 연구하는 이 재단은 매년 다양한 조사를 실시하고 있다. 재단에 제출한 연구개요에서 다카하시는 이렇게 쓰고 있다.

"일본에는 아직 범죄 사건의 가해자 가족에 대한 지원이 필요하다는 사회의 인식이 조성되지 않았으며, 가해자 가족을 포용하기 위한 다양한 과제가 방치되고 있다."

이중의 고통 '가족 내 살인'

이번 취재를 하면서 한 여성으로부터 궁지에 몰리는 '가해자 가족' 가운데서도 가장 어려운 상황에 대한 이야기를 들을 수 있었다. 이 여성은 "자신은 피해자 가족이면서 가해자 가족이기도 하다."고 말했다. 여성의 가족이 가족 내 다른 구성원을 살해했던 것이다. 여성은 누구에게도 말하지 못한 피로움을 어떻게 해야 할지 몰라 범죄 피해자 단체에 연락을 해봤지만 '피해자 가족이 아니어서 도움을 받을 수 없었다'고 했다.

하지만 이처럼 가족 내에 피해자와 가해자가 동시에 있는 경우가 살인사건의 상당 부분을 차지하고 있다는 점을 사람들은 간과하고 있다. 최근 무차별 살인과 엽기적인 사건이 사회를 떠들썩하게 만들어서 이러한 사건이 많은 것처럼 느껴지는지 모르지만, 실제 살인사건 가운데 가장 많은 유형은 '가족 내 살인'으로, 전체 살인 사건 수의 40%를 점한다. 부모, 배우자, 형제, 자식이 피해자가 되는 경우가 대부분이다. 상해치사의 경우도 대략 40%가 가족 내에 가해자와 피해자가 있다.

료고쿠대학龍谷大學 하마이 코오이치浜井幸一 교수는 '일본에서 일어나는 살인사건의 40%를 점하는 가족 내 살인은 사실 예부터 가장 많이 발생하는 살인 형태'라고 한다.

2010년 4월 23일, 도쿄지방재판소는 살인죄로 기소된 67세의 모친에게 징역 3년, 집행유예 5년의 판결을 내렸다. 이 여성은 2009년 7월 25일 자신의 장남을 살해했다.

2009년 7월 15일, 금전문제에 말려든 장남이 자살을 기도했지만 미수에 그쳤다. 그러나 식물인간이 되어 깨어날 가능성이 거의 없는 가운데 연명장치에 의존하게 된 것이 비극의 시작이었다. 장남에게는 아내와 중학교에 다니는 아이 둘이 있었다. 고액의 의료비는 가족을 힘들게 했다. 자살미수로 보험이 적용되지 않아 약 10일간의 입원에 350만 엔의 입원비가 발생했다. 하루 입원에 필요한 비용은 약 30만 엔. 아내는 "적극적인 치료는 그만두고 싶습니다. 제가 호흡장치를 떼겠습니다."라고 의사에게 호소했지만 받아들여지지 않았다.

이러한 상황을 차마 볼 수 없었던 것은 장남의 모친이었다. 도쿄신문 보도에 따르면 모친은 며느리의 등을 두드리며 "내가 온 힘을 다해 도와주마."라고 격려한 다음 '더 이상 며느리를 괴롭게 할 수는 없다'고 생각했다.

그리고 7월 25일. 모친은 일기에 '엄마이기 때문에 낳은 책임을 져야 한다.'고 적은 후 병원 침대에 누워 있는 장남을 식칼로 찔러 죽였다. 남겨진 것은 부인과 아이들이다.

'더 이상 며느리를 괴롭게 할 수 없다.'

그렇게 생각해서 아들을 살해했지만 며느리에게는 더 큰 괴로움만 안겨주었다. 장남의 아내는 가해자 가족(가해자의 며느리)이면서, 피해자 가족(피해자의 부인)이 되고 말았다. 공판에서 증언에 나선 아내는 "시어머니가 하지 않았다면 제가 했을 것"이라고 증언했다. 생각만 하고 행동에 나서지 못했던 것은 자신이 남편의 숨을 끊고 체포되면 아이 둘은 부친과 모친을 한꺼번에 잃게 된다고 생각했기 때문이라고 밝혔다. 가해자 가족이면서 피해자 가족이라는 십자가는 이렇게도 무겁다.

부인은 마지막으로 다음과 같이 증언했다.

"시어머니는 어떻게 그런 괴로운 일을 한 것일까요…… 시어머니를 자유롭게 해드리고 싶습니다. 남편도 그것을 원할 것입니다."

    체포 후 체중이 15킬로가 줄어든 시어머니를 본 며느리가 증언 중 눈물을 흘리면서 한 말이다.

III

사이버 세계에서
행해지는 폭력

고양이 학대사건 ① 인터넷의 위협

급속하게 보급된 인터넷이 가해자 가족을 궁지에 몰아넣는 새로운 요인으로 등장했다. 인터넷의 파괴력은 이제 '인터넷에만 있기 때문에 무시해도 좋은' 단계를 훨씬 넘어서 있다.

다음에 소개하는 것은 규슈공업대학^{九州工業大學} 사토 나오키^{佐藤直樹} 교수가 이야기하는 '고양이 학대사건'을 둘러싼 전말이다. 인터넷에 처음 시작된 제재가 매스컴과 현실세계로 파급되었던 전형적인 사례이다.

사건은 2002년 5월 6일 심야에서 다음날 새벽에 걸쳐 일어났다. 20대 남자가 후쿠오카 시내에 있는 자신의 아파트에서 유기된 고양이의 귀와 꼬리를 자르고, 끈으로 머리를 졸라 살해했다. 그리고 고양이 학대 장면을 사진으로 찍어 인터넷 게시판에 게재한 것이 사건의 시작이었다.

그 게시판을 본 사람이 경찰에 신고했고, 후쿠오카 현 경찰이 남자를 조사한 다음 5월 22일 후쿠오카 지방검찰청에 송치했다. 여기까지는 제3자가 인터넷에서 확인된 악질적인 동물보호법 위반을 제보하여 남자가 입건 된 평범한 사건인 듯 보였다. 하지만 사태는 그 후 예기치 않게 요동쳤다. 이 남자의 소식이 신문에 보도되자 "서류 송치만으로는 치벌이 너무 관대하다."는 목소리가 인터넷에 확산되고, 남자를 규탄하는 움직임이 시작되었다.

서명지와 탄원서가 만들어져 인터넷에서 누구든지 접속할 수 있도록 공개되는 등 검찰이 남자를 기소하도록 압박하기 위한 서명운동이 일어났다. 게시판에 올라오는 글이 하루 평균 2,500~3,000건 이상이었다. 인터넷 상의 목소리가 현실사회를 움직일 정도의 힘을 지니게 된 것이다.

인터넷에서 호응이 높아지자 텔레비전에서도 남자가 보여준 동물학대의 잔혹함 등을 새삼 주목하고 대대적으로 보도해서 전국적으로 주목받았다. 결국 사건 발생 3개월 만에 후쿠오카 지검은 남자를 전격 체포하고 기소했다.

사토 교수는 후쿠오카 지검이 남자를 체포·기소한 것에 대하여 언급하며 이 사건이 이례적인 일이라고 논평한 마이니치신문 기사(2002년 8월 8일)를 인용했다.

"동 지검에는 남자에게 엄벌을 요구하는 서명지와 전화 등이 매일 전국 각지에서 수십 건도 넘게 접수되었다. 그 동안 동물학대는 약식기소 후에 벌금형 처분을 하는 경우가 대부분이었지만 '끔찍한 잔혹성으로 인해 사회에 끼친 영향이 크기 때문에' 체포·기소했다."

2002년 10월 21일, 후쿠오카 지방재판소는 이 남자에게 징역 6개월 집행유예 3년의 판결을 내렸다. 마이니치신문은 그날 석간에서 속보를 게재했다. 기사에 따르면 공판 중 한 여성 방청인이 고양이 '영정'을 가지고 들어오려고 했지만 재판부가 허락하지 않았다. 그러자 재판부의 대응을 비난하는 목소리가 들렸고, 법원 앞에 '유죄'라고 쓴 현수막을 내걸은 사람도 있었다고 한다.

고양이 학대사건 ② 개인정보의 유출

고양이를 학대한 남자에 대한 엄벌을 요구하는 움직임과는 별개로 남자와 그 가족에 대한 '왕따'도 이루어졌다.

인터넷에서는 동물학대를 한 남자의 주소와 얼굴 사진이 공개되었다. 후쿠오카 현 경찰이 남자의 실명을 발표하지 않았는데도 인터넷에는 남자의 학력과 취미, 성격 등 진위불명의 정보를 포함한 개인정보가 잇달아 폭로되었다.

교육관계자였던 그의 부친도 공격의 대상이 되었다. 부친의 본명, 주고쿠에 있는 자택의 주소, 전화번호 심지어 근무하는 학교명과 학교의 전화번호까지 인터넷에 폭로되었다.

마이니치신문은 "부친의 자택에는 한밤중에도 2~3분 간격으로 전화가 울리고 집 주위에는 비난 전단이 나붙었다."고 보도했다.

부친의 근무지인 학교에도 항의가 쇄도했다.

인터넷 게시판에는 "지금 학교에 전화했어요. 남자의 아버지가 전화를 받기에 아들 사건을 이야기했어요."라는 글도 올라왔다. 전화를 받은 부친의 대응 모습이 상세하게 기술되었고 이 글을 읽은 사람들이 다시 부친을 비난하는 댓글을 올렸다.

필자는 부친의 자택이 있던 지역을 가보았는데 이웃끼리 서로 얼굴을 알고 지내는 주고쿠 지방의 작은 시골마을이었다.

이웃에 사는 주부에게 이야기를 들었는데 "교육 관계자로 일하는 부친으로서 이일을 어떻게 할 작정인가요."라는 전화가 학교에 계속 걸려왔다고 한다. 학부모들의 항의전화도 있었지만, 직접적인 관계가 없는 제3자와 익명의 사람들로부터 걸려오는 악의적인 전화가 대부분이었다.

자택 근처에 가자 구불구불한 골목길이 이어졌다. 낯선 사람은 거의 다니지 않는 골목길이었지만 당시에는 매스컴과 구경꾼들로 인해 발디딜 틈 없이 붐볐다고 한다. 이웃 주부에게는 그 일을 기억하는 것도 끔찍한 것처럼 보였다. 그 무렵 마을을 떠돌았던 으시시한 분위기를 '압력'이란 말로 표현했다. 끝없이 계속 걸려오는 전화로 부친의 직장은 혼란에 빠졌다. 이웃 주부의 말에 따르면, 부친의 직속상사가 책임을 지고 전근을 가는 것으로 사태가 마무리되었다고 한다.

이러한 사회적 제재는 후쿠오카 지방재판소의 공판에서도 언급되었다.

마이니치신문에 따르면 재판관은 "모방범을 낳을지도 모르는 등 사회에 악영향이 크다."고 남자의 죄를 엄하게 묻는 한편, "인터넷에서 가족의 프라이버시까지 침해되는 등 지나친 제재를 이미 받았다."며 남자 측이 처한 사정도 언급했다고 한다.

판결에 대해 보도한 기사는 사회적 제재로 궁지에 몰린 남자의 모습을 말하면서 다음과 같이 끝맺는다.

"법정에서 사회에 대해 공포에 사로잡혀 있다고 말한 남자는 판결이 내려진 다음에도 무표정한 얼굴이었다."

필자가 그의 부친이 사는 곳을 방문한 것은 사건이 일어난 지 8년이 지난 후였다. 부친은 다른 곳으로 이사했고, 그 집에는 다른 가족이 살고 있었다.

고베 연쇄아동살상사건 사이버 폭력의 등장

인터넷에서 가해자와 그 가족이 공격당하게 된 것은 1997년 고베 연쇄아동살상사건 무렵부터라고 한다.

이 사건에서는 가해소년의 체포 당시부터 인터넷에서 떠돌던 사건 관련 정보가 주목받았다. 모 인터넷 홈페이지에 '酒' '鬼' '薔薇'라는 이름이 붉은 색으로 나오는 범행성명(테러나 살인 등 사회적 위해 행동을 한 자나 단체가 범행 후 자신의 정체와 범행 목적 등을 알리기 위해 쓴 것_역주)이 있다는 소문이 떠돌았다. 사건과 실제 관계가 있는 것이 아닌지 의심되었지만 조사본부는 홈페이지의 존재를 확인할 수 없었다고 당시 산케이신문은 보도했다.

1990년대 후반에는 인터넷이 현재처럼 보급되지 않았던 시절이다. 기사를 쓴 산케이신문 기자는 지금이라면 상식에 속하는 '프로바이더'라는 용어를 소개하면서 기사를 시작하고 있다. 이처럼 인터넷 초창기에 벌써 가해자와 그 가족에 대한 근거 없는 무차별적인 공격이 사건 직후 등장한 것이다.

가해 소년이 체포되자 소년과 부친 등 가족에 관한 정보가 인터넷에 돌아다녔다. 그 가운데는 부친이 근무하는 회사의 동료라고 밝힌 인물이 올린 글도 있었는데, 부친이 다니는 회사 이름이 정확하게 나왔다.

뒷날 사건 취재를 정리한 《생명의 소중함을 취재하며-고베 연쇄아동살상사건》(산케이신문 뉴스서비스)에는 가해 소년의 가족과 관련한 미확인정보가 인터넷에서 발견될 때마다 기자가 관계된 곳을 방문하여 진위를 확인하는 모습이 상세하게 기록되어 있다. 범죄보도의 현장에서 존재감을 나타내기 시작한 인터넷에 취재진이 휘둘리는 모습도 보인다.

소년의 가족과 같은 성을 가진 가족의 전화번호를 취합해 게재한 홈페이지도 있었다. 이 홈페이지에서 정보를 얻었는지 확인할 수는 없으나 사건과는 전혀 관계 없는 집에 못된 장난 전화와 무언의 협박전화가 잇달아 걸려오기도 했다. "인터넷에 떠도는 가해 소년에 대한 정보가 2차 피해를 가져왔다. 표현의 자유를 이야기하면서 당당하게 정보를 공개하고, 개중에는 범인의 이름과 사진을 감추는 매스컴에까지 신랄한 비난을 하기도 한다."고 산케이 신문 취재반은 적고 있다.

제2장에서 언급한 소년범의 사진과 실명이 들어간 사진주간지의 기사 역시 인터넷으로 퍼져나갔다. 출처가 이 사진주간지로 추정되는 사진이 인터넷 게시판과 홈페이지에 게재되자 접속이 폭주했다. 도가 지나치다는 비판의 글도 올라오자 소년범의 얼굴사진은 일단 삭제되었지만 머잖아 다시 올라왔다. 경과를 지켜보던 산케이신문 기자는 "아주 놀이가 되어버리고 말았다."는 의견을 전했다.

한편, 얼굴 사진을 게재한 출판사에 '판매중지'를 요청한 효고 현 변호사협회에도 비난이 쇄도했다. 대부분 발신인의 이름을 밝히지 않는 협박 전화나 항의 전화였는데, 변호사협회 회원 변호사의 자택에까지 짓궂은 전화가 걸려왔다고 한다.

가해자 가족과 주변 사람들의 개인정보를 폭로하고 공격하는 인터넷 '규탄' 수법은 이 사건 때부터 시작되었다.

영국인 여성 살해사건의
피고인 가족

　2007년 3월 26일, 영어 회화 강사로 일하다 행방불명되었던 22세 영국인 여성의 사체가 치바 현에 거주하는 28세 남자 J의 맨션에서 발견되었다. J는 자신의 집 앞에서 수사원과 마주치자 도망쳐 행방을 감췄다. 다음날 치바 현 경찰은 그를 전국에 지명 수배했다. 용의자 J의 도주와 함께 인터넷에는 그의 부모에 대한 공격이 시작되었다.
　의료관계자였던 부모의 성명과 자택 주소, 전화번호는 물론 부모가 근무하는 병원이름, 담당과, 직함, 전화번호 등이 떠돌아다녔다. 그 가운데에는 병원 외관 사진까지 게재된 사이트도 있었다.
　게시판과 개인 블로그에는 "부모가 J에게 도피자금을 주었다."든가 "부유한 부모가 피해자 가족에게 거액의 위로금을 지불하고 사건을 무마하려고 한다."는 등 출처가 불분명한 정보가 활개를 쳤다. 부모의 직업인 의사라는 '고학력' '고수입'의 이미지가 공격을 증폭시킨 것으로 생각된다.
　사건 이후 근무처였던 지역중핵병원(地域中核病院)의 요직에서 사임한 부친과 클리닉에서 퇴사한 모친의 일을 의기양양하게 알린 사이트도 있었다.

1년 6개월 후인 2009년 11월 4일, 도주 중이던 용의자 J가 나고야 시에서 얼굴 성형수술을 했던 것으로 드러나면서 다음날 성형수술 후의 얼굴사진이 공개되었다. 11월 10일, 오사카 남항南港 페리 선착장에서 용의자 J가 오사카 경찰에게 잡혀 지문채취를 받고 체포되었다.

용의자 J가 신칸센으로 오사카에서 도쿄로 이송될 때 용의자를 촬영하려고 쫓아다니는 보도진의 수는 엄청났다. 도쿄 역은 수많은 보도진과 용의자를 보려고 온 일반인들로 넘쳐났다. 이 사건에 대한 세상의 큰 관심을 보여주는 상징적인 장면이었다.

용의자가 체포된 날 밤, 세상의 이목이 집중된 가운데 그의 양친은 보도진 앞에 모습을 드러내고 기자회견에 응했다. 뿐만 아니라 양친은 얼굴을 가리지 않고 맨얼굴을 노출시킨 채 기자회견을 했다. 이런 모습으로 인터뷰에 응했을 때에는 그에 상응하는 각오가 있었을 것으로 보인다. 부모로서 책임을 느낀 결단이라고 판단된다. 텔레비전 방송국들은 이 기자회견 모습을 일제히 심야뉴스의 톱으로 보도했다.

그러나 양친의 사죄에 대해 사회는 차갑게 반응했다. "말이 가벼웠다", "자식의 일인데도 다른 사람 일처럼 말했다", "발언 내용은 논리정연하고 틀린 것이 없지만 미안해하는 감정이 느껴지지 않았다, 공무원 같았다."는 등 언론에는 지식인과 관계

전문가들의 비난도 잇달았다.

　다음날 양친은 다시 기자회견에 응했지만 전날과는 달리 얼굴은 내비치지 않았고, 목소리도 변조되어 방송되었다. 하룻밤 새 비난의 목소리가 높아져 차마 얼굴을 내밀 수 없는 상황에 내몰린 것이다. 양친의 얼굴이 찍힌 첫날의 기자회견 영상도 이후로는 모자이크 처리 없이는 방송될 수 없었다. 석간지 보도에 따르면 모친은 "공포스럽다. 앞으로 어떻게 살아가야 할지 알 수 없다."고 말했다고 한다.

　그러나 인터넷에서 나타난 반응은 방송국이나 신문사의 대응과는 무척 달랐다.

　양친이 얼굴을 비친 첫날 기자회견의 보도사진을 모자이크 처리하지 않고 그대로 계속 게재한 사이트가 많았다. 심지어 양친의 얼굴이 크게 찍힌 사진은 아직도 인터넷에 떠돌아다니고 있다. 눈을 가리고 싶을 정도로 심한 욕설 글자가 난무하는 가운데 보도진의 플래시 세례 속에 머리를 약간 숙인 양친의 사진이 그대로 올라와 있는데, 너무 악의적으로 취급해 보는 사람의 가슴이 떨릴 정도였다.

　이번 취재와 관련해서 가해자 가족이 처한 상황에 대해 취재하고 싶다는 편지를 양친에게 몇 차례 보냈지만 답장은 오지 않았다. 자택에도 몇 번 전화를 해보았지만 신호음이 울린 후 자동응답메시지만 흘러나왔다.

가해자 가족의
옷차림새에도 비난 쇄도

 가해자 가족이 보도진의 취재에 응했을 때의 '옷차림새'가 문제가 된 적도 있다.

 2008년 3월 25일 심야, JR 오카야마 역에서 귀가 중이던 38세의 남성이 선로에 추락하여 달려오던 열차에 치이는 사건이 벌어졌다. 급히 달려온 철도경찰대는 남성을 밀어뜨린 18세 소년을 살인미수 현행범으로 체포했다. 다음날 아침, 선로로 떨어진 남성이 사망하면서 소년의 혐의는 살인미수에서 살인으로 바뀌었다.

 수사에서 용의자인 소년은 "사람을 죽이면 교도소에 갑니다. 범행상대가 누구라도 상관없습니다."라고 진술했다. 칼날 길이가 12cm인 과도도 소지하고 있었다. 이 사건 이틀 전에는 이바라키茨城 현에서 여덟 명이나 되는 사람이 무차별 살상되는 사건이 일어나 젊은이들의 '이유 없는 살인'에 사회가 경악할 무렵이었다.

 다음날인 26일, 소년의 부친이 기자들 앞에서 사죄했다. 소년이 졸업한 고등학교에서 연락을 받고 자택이 있던 오사카에서 오카야마로 급히 달려왔던 것이다.

 "피해자에게 폐를 끼쳐 죄송합니다. 자식을 이렇게 길러 죄송합니다."

부친은 몇 번이나 머리를 숙였다.

"저는 세상에서 가장 나쁜 부모입니다. 부모로서 이 일에 책임을 지겠습니다.", "어떻게 보상을 하면 좋을지 모르겠습니다, 정말 죄송합니다." 부친은 사이사이 목이 막혀 말을 잇지 못한 채 손으로 얼굴을 가리고 울면서 발언을 이어갔다.

한신阪神·아와지淡路 대지진으로 집을 잃고 전학 간 학교에서 아들이 왕따를 당했다는 것, 경제적인 사정으로 대학진학을 단념한 아들이 취직이 되지 않자 자포자기에 빠져 범행에 이르게 된 것이라는 보도도 나왔다. 자식이 저지른 사건에 당황해 갈피를 못 잡으면서도 진심으로 사죄의 뜻을 전하고자 하는 부친의 모습은 텔레비전을 통해 전국에 보도되었다. 처음에는 "이런 부친의 아들이 살인사건을 일으켰어.", "부모로서 정말로 책임을 느끼는 것 같다."는 동정의 목소리가 흘러나왔다.

그러나 언제부터인가 부친의 발언 내용과는 별개로 '옷차림'과 관련된 비난이 인터넷에 올라오기 시작했다. 부친은 사죄 회견할 때 감색 점퍼에 청바지와 운동화를 신고 있었다. 이 모습을 보고 '비상식적이다', '꾀죄죄한 모습이다' 등등 비난의 소리가 흘러나왔다. 인터넷 게시판과 개인 블로그, 소셜 네트워크 등을 통해 부친을 책망하는 의견이 잇달아 올라왔다. 하지만 오사카에서 급히 달려온 부친이 점퍼 대신 정장으로 갈아입을 시간적 여유가 있었을까 하는 점에 대해서는 토론조차 없었다.

저널리스트이자 작가인 헨미 요^{辺見庸}는 《사랑과 고통-사형을 둘러싼》(마이니치 신문사)에서 부친이 해명을 해야만 하는 이러한 상황에 대해 깊게 우려했다.

"누가 이렇게 만든 것인가. 여론에 떠밀린 매스컴이 가족에게 강요한 것이다. 그렇게 하지 않을 수 없도록 세상이 등을 떠민 것이다. 이것은 이 나라에만 있는 현상이다······ 참으로 걱정을 금할 수가 없다."

고서점 주인이 직면한 이상한 사회

인터넷을 중심으로 한 익명의 사회가 만들어낸 '세상'의 공기가 어떻게 현실 사회를 움직여 가는지에 대해 사토 나오키^{佐藤直樹} 교수는 다음과 같은 예를 들어 설명한다.

2003년 1월 21일, 카나가와^{神奈川} 현 가와사키^{川崎} 시에 있는 프랜차이즈 중고서점에서 책을 훔친 15세의 남학생이 범행이 발각되자 도망가다 전차에 치여 사망하는 사건이 발생했다.

남학생이 만화 6권을 옷 속에 숨겨 나가려는 것을 방범카메라로 발견한 주인이 남학생을 불러 세웠다. 남학생이 이름과 자신이 다니는 학교 등을 좀처럼 말하지 않자 주인은 경찰에 신고했다. 출동한 경찰관이 임의동행할 것을 요구하자 순간 남학생이 도망을 치면서 사건이 일어났다고 한다.

사고 발생 후 3개월 무렵부터 서점 주인에게 '살인자'라는 항의가 들어오자 주인은 일단 서점의 문을 닫기로 결정하고, 점포에 사죄문을 게시했다.

2월 1일 마이니치신문은 기자회견에서 주인이 한 말을 게재했다. 프랜차이즈 본사에까지 찾아가서 '살인자'라는 말을 한 사람도 있고, 전화로 항의를 하는 사람도 있었다. 이런 일이 20여 차례 벌어졌다. 항의 전화는 목소리로 보아 주로 30대에서 40대였는데 이름을 밝힌 사람은 단 한 명도 없었다고 한다.

서점 주인은 "이렇게 했다면 남학생의 죽음만은 피할 수 있지 않았을까요?"라고 지적한다면 부정할 수 없다고 느끼면서도 앞뒤 가리지 않고 내뱉는 '살인자'라는 비난의 말을 듣고는 괴로웠다고 했다. 자신과는 달리 생각하는 사람들이 많다는 것을 알고, 괴롭지만 가게 문을 닫는 것이 그나마 사람들을 납득하는 결론이 아닐까 생각하고 폐업을 결정했다고 경위를 설명했다.

주인은 범죄의 가해자나 그 가족은 아니었지만, '소년을 궁지에 몰아 사망하게 만들었다'는 이유로 가해자 가족과 같은 상황에 몰렸던 것이다. 그러나 서점 문을 닫겠다는 의사를 밝히자 이번에는 인터넷에서 전혀 예상치 못한 움직임이 일어났다.

서점 주인을 격려하는 의견과 메일이 밀려들었던 것이다. 중고 서점 프랜차이즈 본사에도 이틀 사이에 '문을 닫을 필요는 없다'고 하는 메일과 전화가 1,000건 이상 들어왔다. 서점 주인은 다시 기자회견을 열어 폐점을 결심했지만 곧바로 폐점할 것인가는 좀 더 사태의 추이를 보고 판단하겠다고 전했다.

"주인을 이해할 수 있을 것 같다. 도와주자"고 한 한 네티즌의 호소가 계기가 되어 주인에 대한 격려가 시작되었다고 한다.

사토 교수는 폐점 철회를 표명한 회견에서 서점 주인이 기자들에게 익명을 요구한 사실에 주목하고 있다. 익명의 사람들이 만든 '세상'의 비난으로부터 자신을 지키기 위해서는 자신도 익명이 될 수밖에 없었던 것이다. 주인이 얼굴을 드러내고, 이름을 밝히고 회견을 했다면 새로운 비난이 쏟아졌을지도 모른다고 한다. 사토 교수는 그것이 익명의 사람들로 구성된 '세상'으로부터의 압력이라고 지적한다.

주인에 대한 비난에서 격려로 급격히 바뀐 사회 분위기는 언제 다시 비난으로 역행할지 모르기 때문이다. 가해자 가족은 이런 '세상'에 늘 직면해 있다.

'2채널'의 '신神'들

인터넷에서 가해자 가족을 공격하는 사람들 사이에서 가장

많이 거론되는 것이 세계 최대의 게시판이라고 부르는 '2채널²
ちゃんねる'이다. 이 사이트에는 온갖 테마에 대한 게시판이 있으며
매일 시시각각으로 엄청난 글과 댓글이 올라온다. 지금까지 이
책에서 다룬 사건들도 각각 'OX 사건'으로 테마가 설정되어 올
라가 있는 것이 많다. 실제로 사이트에 가서 열람하자 개인정보
가 그대로 공개되어 있는 경우가 적지 않았다.

참고로 2채널에 글을 올리는 사람들이 사용하는 독자적인
용어 몇 개를 소개한다. 인터넷에서 유통되고 있는 '동인용어
기초지식^{同人用語の基礎知識}', '2典plus' 등을 토대로 필자가 약간의 설
명을 더한 것이다.

신^神 - 최고의 상찬 표현 가운데 하나. 위법이나 도덕적으로 문제
가 있는 듯한 행위를 주저하지 않고 하는 사람들에 대해 사용하
는 경우가 많다. 아무도 몰랐던 개인정보를 입수한 인물을 지칭하
는 경우에 사용하기도 한다.

축제^{祭り} - 현재 진행 중인 이벤트, 사건 등에 대해 댓글이 많이 달
리는 것. 새롭게 밝혀진 개인정보가 더 많은 정보를 찾아내도록
상승작용을 일으키고 공격이 더욱 격해진다.

가속^{加速} - '축제' 상태가 되어 글이 쇄도하고 무서운 기세로 게시

판이 갱신되는 것

연료^{燃料} - 본래의 의도와 관계없이 댓글이 많이 올라오는 소재. 게시판에 올라온 가해자 가족의 개인정보 등이 공격을 가속시키는 '연료'가 된다. '연료 투하'라는 방식을 사용한다.

스네이크^{snake} - '잠입공작원'이라는 의미. 특정 단체나 개인과 관련된 장소에 출몰하여 사진을 촬영하거나 정보를 취재해서 게시판에 올리는 사람들. 타깃이 된 사람이 살고 있는 장소와 근무지를 알아내면 '스네이크'가 들어간다. 다음 항목인 '전철^{電凸}'과 함께 가장 무서운 것으로 꼽힌다.

전철^{電凸} - 관련자에게 전화를 걸어 항의하거나 정보를 확인하는 등의 행위. 메일을 사용하는 경우에는 '메일凸'이 된다. 어떤 사건이 일어나면 매스컴과 똑같이 관계자를 직접 찾아가 돌격취재를 한다. 일반 개인이 이런 취재를 해도 매스컴이 비판할 입장은 아니라고 주장한다.

얼떨결에^{うっかり} - 관련된 곳에 전단이나 삐라 등을 배포하는 것. 삐라 배포는 사전 허가가 필요한 것이어서 경찰이나 당국에 단속될 경우 '그냥 별 생각 없이, 무심코(얼떨결에) 그렇게 했다'고 이야기

를 하고 둘러대라 해서 이런 호칭이 붙었다고 한다.

법무성 인권옹호국
데이터로 알 수 있는 것

인터넷을 사용한 공격이 점차 가속화하고 있다.

법무성 인권옹호국의 발표에 따르면 인터넷에서 발생한 인권 침해 사건은 2009년 786건을 상회한다. 전년도에 비해 52.6%나 대폭 증가한 수치다.

주요 내역을 살펴보면 명예훼손에 관계되는 사건이 295건, 프라이버시 침해에 관계되는 사건이 391건이다. 인터넷에 의한 인권침해 사건 수는 다음과 같이 매년 계속 증가하고 있다.

2005년 272건
2006년 282건
2007년 418건
2008년 515건
2009년 786건

인터넷에 대한 감시를 강화한 결과 문제 사건이 밝혀지면서 수치가 증가한 면이 있겠지만, 급증하는 것만은 틀림없다.

인권옹호국이 새롭게 구제 절차를 시작한 사안은 2만 1,218건을 넘었으며, 전년도에 비해 0.9% 감소했다. 그 증가율에 비해 인터넷에서의 인권침해 사안은 명백히 급증하고 있다.

인권옹호국이 구제 절차를 시작한 프라이버시 관계 사안은 2009년 1,869건으로, 전년도에 비해 14.9% 증가했다. 그 가운데서도 인터넷에서의 프라이버시 침해 사안은 전년도의 460건에서 거의 배에 달하는 746건으로 급증했다.

게다가 이 수치는 인터넷에서 특정 개인을 비방하거나 프라이버시를 침해하는 정보를 유포시킨 것에 한할 뿐이다. 인터넷에서의 부당한 차별적 언동과 차별조장행위는 포함되지 않는다.

인권옹호국의 홈페이지에서, 2006년 발생한 인권침해사건에 대한 특징을 서술한 것을 살펴보면 인터넷에 대한 언급이 전혀 나오지 않는다. 인터넷에 대한 언급은 2007년에야 처음으로 등장하는 등 최근 들어 급속히 확대된 문제이다.

2007년 6월, 내각부(일본의 행정기관. 내각의 기능을 강화하는 관점에서 내각을 도와 중요 정책의 기획 및 입안·조정 등 내각총리가 담당하는 행정 사무를 처리하는 일을 담당하고 있다. 내각부의 장(주임대신)은 총리대신(수상)이지만, 총리대신은 내각부에 특명담당대신을 둘 수 있다. '오키나와·북방 대책 담당'과 '금융 담당'의 특명담당대신은 반드시 설치하는 것으로 되어 있다._역주)

가 인권옹호에 관한 여론조사를 실시했다.

이 여론조사에 따르면 인터넷의 문제점으로 53.7%의 사람이 '밀회 사이트 등 범죄를 유발하는 장'을 꼽았으며, '타인을 비방 중상하는 표현을 게재하는 것'(52.8%), '조사 대상인 미성년자의 실명과 얼굴사진을 게재하는 것'(40.9%)이 그 뒤를 따랐다. 불특정 다수가 익명으로 글을 올릴 수 있는 인터넷이 사태를 급속히 악화시키는 것이다.

블로그 등 사적공간에서 행해지는 공격에 대한 대법원의 판결

인터넷에 있는 자신의 홈페이지와 블로그에는 어떤 것을 써도 좋다고 하는 안이한 생각에 대해 최근 법원이 형사책임을 물었다.

2010년 3월 16일, 대법원 제1소법정에서 개인이 올린 인터넷 글에 대하여 주목할 만한 판결이 내려졌다. 사회적 영향력이 있는 전문가나 매스컴과 동일하게 평범한 한 개인의 글에 대해서도 명예훼손죄를 물은 것이다.

이 재판에서는 38세의 남성 회사원이 자신의 홈페이지에 게재한 글이 문제가 되었다. 2002년 10월 경 이 회사원은 라면 체인점 사업을 시작한 도내의 한 기업이 특정 종교단체와 관계가 있다는 허위 사실을 올려 명예훼손죄로 기소되었다.

1심인 도쿄 지방재판소에서는 '무죄' 판결이 내려졌다.

매스컴이나 전문가가 신문과 잡지 등의 매체를 통해 발언한 정보에 비하여 인터넷에 올린 개인의 글은 일반적으로 신뢰성이 낮다고 판단되는데다, 인터넷은 상호 반론하기 쉬운 환경이라는 것이 무죄판결이 내려진 주된 이유였다. 인터넷 상 개인의 글에 대한 명예훼손 성립 기준에 대해서 말하자면 '엄격하지 않은' 판결을 내린 것이다.

그러나 도쿄 고등법원에서 열린 2심에서는 이와 반대로 유죄 판결이 내려졌다. 벌금 30만 엔이었지만 피고인이 상고하여 최종판단은 대법원으로 넘어갔다.

대법원은 인터넷에서 글을 본 사람들이 개인 홈페이지의 정보가 신뢰성이 낮다고 반드시 생각하는 것은 아니며, 인터넷 상에서 반론을 해도 명예회복을 할 수 있을지 알 수 없다고 판단했다. 게다가 짧은 시간에 불특정 다수의 사람이 열람할 가능성이 있기 때문에 피해가 커지기 쉬운 인터넷의 특징도 판단의 근거가 되었다. 인터넷에 글을 쓴 남성이 관계자에게 사실 확인을 해야 했지만 그러한 노력을 하지 않았다는 점도 지적했다.

이제까지 인쇄물과 연설 등에 대해서는 정보발신의 내용이 사실이라면 형법이 규정한 명예훼손죄를 물을 수 없었다. 하지만 명백한 허위 정보를 발신한다면 명예훼손죄를 물을 수 있으며, 허위라는 것을 인지하지 못하고 사실이라고 확신하여 정보를 발신한 경우에 한해 '사실이라고 확신하기에 충분하다고 생각되는 상당한 근거가 있어야만 명예훼손죄가 성립하지 않는다'고 판시했다.

대법원의 이 판결로 이제는 개인이 인터넷에 올리는 글에 대해서도 종래의 인쇄물 등과 같은 기준을 적용할 수 있게 되었다. 허위 정보라는 것을 알면서 인터넷에 글을 올리거나 불확실한 정보를 고의로 발신하는 경우에는 형사책임을 물을 수 있게 된 것이다.

대법원의 판결이 내려진 다음날 아사히신문은 이 내용을 1면에 크게 다루었다. 그리고 인터넷 상의 개인 홈페이지 등에서도 '정보를 발신하는 이상 그에 상응하는 책임을 져야 한다'는 사고가 판결의 배경에 있는 것이라는 해설을 덧붙였다.

이 판결은 가해자 가족의 명예훼손에 직접 관계되는 것은 아니지만 가해자 가족이 직면하는 인터넷 상의 글들을 어떻게 생각하면 좋을지에 대한 법적 근거로 평가받고 있다.

세계 최대의 인터넷 게시판 사이트

2채널(2channel. http://www.2ch.net/)은 세계 최대 규모라고 하는 일본의 인터넷 게시판 웹사이트이다. '해킹에서부터 오늘 저녁 반찬까지'라는 슬로건에서 보듯 다양한 분야의 글들이 올라온다. 1999년 5월 30일 니시무라 히로유키西村博之가 개설했다. 2채널의 이용자는 약 1천만 명으로, 인터넷 게시판으로서는 세계 최대 규모이다. 연령층은 10대가 20%, 20대가 15%, 30대가 30.7%, 40대가 21.9%, 50대 이상이 12.5%이다. 모든 글은 익명으로 이루어져서 '익명월드'라 부르기도 한다.

정치적으로는 일본 민족주의-극우성향이 주류를 이루고 있으며, 좌파임을 자처하는 이용자도 있으나 극소수에 불과하다. 정치적으로는 자민당 내에서도 매파(강경파) 계열 지지층이며 특히 이시하라 신타로, 아소 타로 등 극우 보수우익의 발언을 거침없이 표현하는 정치인에 대한 지지가 높다. 중국, 한국 등 이른바 '반일 국가'로 낙인찍힌 아시아 국가에 대한 과격한 혐오 발언이 끊이지 않는다. 그중에서도 한국과 북한, 재일 한국인 등 한민족을 적대시하거나 차별하는 발언과 이에 대한 부정적인 시각이 가장 심한 것으로 알려져 있다.

게시판은 600여 개의 그룹으로 이루어져 있으며, 각각의 그룹 안에는 수백 개의 스레드가 있다. 스레드에 글이 1,000개가 넘으면 누군가가 나서서 스레드를 새로 만들어 이어간다. 오래 된 스레드는 어딘가에 보관되어 있다가 삭제된다. 최근에는 이러한 옛 스레드들을 유료로 공개하는 사이트까지 생겼다.

2채널의 특징은 익명성이다. 한국의 웹사이트 대부분은 활동을 하려면 가입을 해야 하며 개인 정보를 입력해야 하지만, 2채널은 그렇지 않다. 2채널에서는 이름을 쓰는 난은 있지만 잘 쓰이지 않는다. 한국의 '디시인사이드', '일간베스트'처럼 2채널만의 독특한 표현(2채널 용어)이 널리 쓰인다.

IV

가해자 가족을 둘러싼 사회

책임을 회피하는 부모들

다양한 가해자 가족의 모습을 살펴보았지만 사건 후에 직면하는 현실은 각각의 사례마다 다르다. 가장 큰 차이를 가져오는 요인은 가해자가 미성년인지에 대한 여부다. 일반적으로 미성년자가 일으킨 사건의 경우 그들의 부모는 다른 경우보다 더 큰 책임을 진다.

청소년사건의 경우 피해자뿐만 아니라 세상 사람들도 가해자의 부모를 사정없이 비난하는 경우가 많은데, 이는 부모는 자식의 교육에 책임이 있다고 생각하기 때문이다.

'부모가 자식을 어떻게 가르쳤기에', '자식이 이런 사건을 일으키기 전에 알아차리지 못한 것은 부모 책임'이라는 비판은 제2장에서 보았다.

청소년사건 전문가인 이시이 사요코石井 小夜子 변호사는 《청소년범죄와 마주하다》에서 "부모는 자식의 성장에 직접적인 책임이 있기 때문에 부모에 대한 비판이 모두 부당하다고 말할 수는 없다. '어째서 부모가 자식을 제대로 지키지 않았을까' 하는 의미에서 나도 청소년범의 부모에 대해 비판의 시각을 가지고 있다."고 밝혔다. 이시이 변호사는 부모를 무조건 비판하기보다는 그 괴로움에 공감하면서 냉정하게 사건의 원인을 찾아 개선할 수 있는 방법을 강구해야 한다고 생각하지만, 그래도 비판적인 시각을 가지는 부분이 있다고 말하는 것이다. 하지만 비난 받아 마땅해 보이는 부모가 적지 않은 것도 사실이다. 자식이 범한 죄를 솔직하게 인정하지 않는 경우가 그렇다.

"우리 애가 그런 짓을 할 리가 없다."

"우리 애는 나쁜 친구들의 꾐에 넘어가 그 애들이 시키는 대로 했을 뿐이다."

이런 변명으로 피해자에 대해 성의 있는 태도를 보이지 않는 가해자 가족들이 피해자의 분노를 증폭시킨다. 앞에서 피해자의 이름조차 정확히 알지 못했던 부모에 대해 이야기했지만, 이 외에도 경제적으로 문제가 없음에도 불구하고 피해자 측에 대한 손해배상 명령을 실행하지 않는 사례는 더욱 많다. 더 나아가 부모가 자식의 범죄를 '은폐'하는 사례도 있다.

저널리스트인 히가키타 타카^{日垣隆}는 《청소년 린치살인-짜증나서 했을 뿐》에서 집단린치 살인사건을 저지른 소년들의 부모들이 서로 입을 맞춘 다음, 자식에게 진실을 말하지 못하도록 한 일을 폭로하고 있다. 취재를 하던 히가키타가 자신들의 자식들이 피해자에게 얼마나 처참한 린치를 가했는지를 직접 알려줄 때까지 부모들은 사건과 관련된 어떤 사실도 제대로 알지 못했고, 알려고도 하지 않았다.

청소년 사건의 경우 가해자의 실명은 공표되지 않고 그들은 소년원에서 일정 기간을 지내면 다시 사회로 복귀할 수 있다.

그 때문에 선악과는 별개로 자식이 가능한 한 상처받지 않게 하려고 생각하는 것이 '부모의 마음'일 것이다. 하지만 그렇다 할지라도 진실을 외면하고자 하는 가해자 부모들에 대해 피해자와 세상이 강하게 비난하는 것은 당연한 일일 것이다.

대부분은 부모에게 책임이 있다

저널리스트이자 23년간 경찰관으로 일하면서 수많은 청소년 범죄를 접했던 구로키 아키오黑木昭雄는 《도치기 린치살인사건-경찰은 왜 움직이지 않았는가》에서 이렇게 말했다.

'미성년자의 범죄의 대부분은 그 부모에게 책임이 있다.' 매스컴은 한부모가정, 부모의 이혼 등의 키워드를 나열하며 가정환경을 범죄의 배경으로 설명하려 하지만 한부모가정의 아이들이 전부 범죄를 저지르는 것은 아니다. '중요한 것은 가족의 형태가 아니라, 부모와 자식 간의 관계이다'라고 말한다.

부모가 자식의 말을 믿는 것은 당연한 일이지만 그것은 '부모와 자식'의 관계에서 성립하는 것이며 가정 밖에서까지 무조건 적용해서는 안 된다는 논리이다.

"죄를 범한 청소년들의 부모는 판에 박은 듯이 '내 자식만은……' 하는 얼굴을 한다. 농담 같지만 대부분이 그렇다."

이 책에는 집단린치 살인사건에 가담한 자식의 '변명'을 그대로 믿는 부모들의 모습이 상세하게 기술되어 있다.

아들의 책상 위에 100만 엔이라는 금액이 적혀 있는 사설 대부업체의 차용증을 보고 놀란 모친은 자식에게 물었다. 말문이 막힌 아들은 일단 집을 나온 뒤 훗날 살해 당한 소년 S와 S를 폭행한 무리들과 같이 나타났다. 그리고 소년 S에게 "제가 친구 차로 사고를 일으켜서 손해배상을 해야 해요."라고 말을 시켜 모친이 믿게 만들었다. 모친은 그 말을 믿고 더 이상 추궁하지 않았다. 왜 모친은 더 자세하게 물어 진상을 바로 알려 하지 않았던 것일까. 구로키는 이렇게 적고 있다.

"누구에게나 자신의 자식은 예쁘다. 그렇다면 아니 그래서 거짓말을 간파하는 것도 부모의 책임은 아닐까?"

이 집단린치 살인사건에 도중에 끼어들게 된 소년 T는 사건 직후 집에 돌아와 어머니에게 전후 사정을 모두 설명한 뒤 자수하려고 했다. 하지만 어머니는 "네가 직접 살인을 한 것은 아니니까, 경찰에 가지 마라."고 했다. 소년 T도 살해와 사체유기 현장에 있었던 것이 분명함에도 불구하고 그렇게 말한 것이다. 어머니의 반대를 무릅쓰고 소년 T가 경찰에 자수하면서 사건은 해결되었다.

그리고 소년 S의 살해·사체유기가 이루어졌던 당일 밤 주범 격인 소년 F의 양친이 F와 F의 여자친구와 넷이서 같이 식사를 했던 사실도 밝혀졌다. 모친은 자식이 똑바로 얼굴을 들지도 못한 채 불안해하면서 거의 식사를 못했는데도 중대한 사건이 발생한 것을 알아채지 못했다. 자식의 이상한 모습을 본 양친은 이렇게 생각했다고 한다. "애가 또 친구들에게 공갈협박이라도 한 것은 아닐까?"

이에 대해 재판관은 다음과 같이 말했다.

"자식이 사람을 죽인 직후인데도 그것을 눈치 채지 못하는 부모가 '앞으로는 자식을 제대로 가르쳐 바른 길로 이끌겠습니다'고 말한들 누가 그 말을 믿을 수 있을지 알 수가 없다."

비난과 공감의 경계

한편 자식이 죄를 저지른 것에 대해 책임회피나 변명을 하지 않고 뼈아픈 반성을 하는 부모들도 있다.

이번 취재에서 만난 가해소년의 부모 M은 자신의 교육방법이 나빠서 자식이 사건을 일으킨 것은 아닐까 하는 죄의식으로 괴로워했다. 다시 죄를 지으면 어쩌나 하는 공포에 사로잡혀 자식과 함께 자살하려는 생각도 몇 번이나 했다고 한다. M의 자식은 살해 같은 중대사건이 아닌 절도죄였지만, 이 부모는 그렇게 괴로워했다.

피해자 측을 생각하면 무언가를 발언하는 행위 자체가 용서

받을 수 없는 일이라 생각해 취재를 거부한 부모도 많았다. 자식이 범한 사건은 모두 자신들 책임이며, 교육방법에 문제가 있었던 것은 아닌지 반성한다고 했다.

2장에서도 살펴보았듯이 '같은 범죄가 다시 반복되지 않기를 바라는 마음'에서 가해 청소년의 부모들이 몇몇 수기를 발간하기도 했다. 하지만 절도죄를 지은 소년범의 부모 M은 "그러한 행동은 잘난체하는 것이라 생각되어 도저히 할 수 없다."고 말하면서, 자식이 사건을 일으킨 경위와 그 후의 일에 대하여 어떤 것도 말하지 않았다.

가해소년의 부모가 사건을 진지하게 대하지 않는 한 피해자는 물론 세상 사람들로부터의 비난은 그치지 않는다. 그러나 부모가 자식이 범한 죄를 어떻게 대하는지 신문 등이 보도만으로는 판단하기가 쉽지 않다. 보도 내용은 일면적이기도 하고 '범죄자를 기른 부모'라는 이미지가 선행하기 때문이다.

한편 사죄와 반성을 하는 가해자 가족의 모습은 거의 보도되지 않는다. 사죄와 반성의 말이 마음으로부터 나온 것인지 아니면 재판에 대한 대응책의 하나인지 판단하기도 어렵기 때문이다. 하지만 가해자 가족이 마음으로부터 사죄하는 모습이 보도된다고 해서 세상 사람들이 쉽게 그것을 이해해주는 것도 아니다. 속죄 의식에 괴로워하는 부모의 모습보다는 '책임 회피'를 하는 부모의 모습이, 세상이 비난하고 그리는 '가해자 가족'의 이미지에 더 부합한다고 판단하기 때문은 아닐지 생각해본다.

일본 사회에서는 자식이 죄를 저지르면 세상의 모든 비판이 부모에게 향한다. 그리고 부모에게 향하는 비난의 강도는 당시 사회 분위기에 따라 결정된다.

자녀가 가해자가 되기 전에 보내는 신호 ①

자식이 혹시나 무슨 범죄를 저지르는 것은 아닌지 불안했던 부모가 적지 않을 것이다. 그러한 부모들을 위해 도움이 될 만한 연구가 있다.

다수의 중대 청소년범죄 사건을 분석하여 가정환경은 어떠했는지, 특이한 전조행동이 있었는지에 대한 실증적인 연구 내용이 2001년 〈중대 청소년사건의 실증적 연구〉란 제목으로 발표되었다. 가정재판소 조사관, 보호관찰관, 대학교수 등 16인의 전문가가 1997년부터 1999년까지 발생했던 단독 살인사건의 소년범 10인, 집단 살인사건 혹은 상해치사사건을 일으킨 청소년 10인(5사례), 총 15건의 사례를 분석한 결과이다. 단독 살인의 사례분석 결과 3개의 유형이 나타났다.

① 유소년기부터 문제행동을 빈번히 일으킨 유형
② 표면상으로는 문제를 감지하기 힘들었던 유형
③ 사춘기가 되어 큰 좌절을 경험한 유형

우선 첫번째 유형부터 살펴보자.

이 유형은 어린 시절 양친으로부터 학대를 받거나 육아 스트레스로 불안정한 모친의 손에 양육된 경향이 있었다. 모친이 "낳지 않았더라면 좋았을 것⋯⋯"이라고 본인에게 말한 경우도 있다고 한다. 또한 초등학교 입학 전후부터 과자를 훔쳐 먹거나 부모의 지갑에서 무단으로 돈을 꺼내 게임 소프트웨어를 사는 등 문제행동을 반복한다. 이것은 주위의 관심을 끌려는 행동으로 부모의 애정에 굶주려 있다는 반증 표시라고 한다. 부모가 그것을 알아차리고 적기에 대처한다면 문제행동이 해결될 수 있는 단계이지만 이러한 신호는 대부분 간과되고 만다. 대부분 부모가 알아차리지 못하거나 알아차려도 자신의 체면을 더럽혔다고 생각해 화를 내거나 더 엄격한 체벌을 가한다. 그 결과 아이는 부모에게 야단을 맞고도 죄책감과 규범의식이 강화되는 게 아니라 들키지만 않으면 된다는 생각을 하게 된다. 학년이 올라가면서 학교생활에 적응하지 못하고 문제행동은 점점 더 심해진다. 학교에서 교사가 아이에게 관심을 가지고 다가가면 일시적으로 개선되는 경우도 있다. 초등학교 담임선생님이

어깨를 두드려주면서 아이의 말을 들어주고 친구처럼 지지해주어 신뢰관계가 구축되면 문제행동이 사라지는 경우가 많다. 하지만 중학교에 진학해 자신에게 관심을 보여주던 교사와 헤어지고, 그것을 대신할 수 있는 어른이 나타나지 않으면 아이는 다시 문제 행동을 한다.

이런 유형에 딱 들어맞는 살인사건에는 하나의 공통된 특징이 있다. 바로 도망가는 피해자를 뒤쫓아가서 살해하거나 피해자가 사죄를 했음에도 불구하고 계속 집요하게 폭력을 휘두르는 것이다. 이런 행동의 배경에는 '부모가 화를 낼 때 느끼는 공포감'이 깔려 있다고 한다. 물건만 훔치던 행동이 피해자에게 들키면 '부모가 화를 낼 것'이라는 격렬한 공포에 휩싸여 폭력과 살인으로까지 나아가기도 한다는 것이다.

이런 유형의 청소년들이 일으킨 사건에는 가족이란 존재가 큰 그림자를 드리우고 있다.

자녀가 가해자가 되기 전에
보내는 신호 ②

표면상으로는 문제를 감지할 수 없는 두번째 유형의 특징은 어린 시절 문제행동도 없고 특별히 눈에 띠는 것도 없는 얌전한 아이였는데 왜 갑자기 중대사건을 일으키는 것인가 하는 점이다. 이런 타입의 청소년은 다시 두 부류로 나뉜다.

1. 발달적인 치우침이 보이는 타입
2. 정신장애가 의심되는 타입

전자에는 표정과 감정표현이 부족한 경향이 있다. '친구가 권유하면 같이 노는 등 주위에서 제시된 것은 따르지만, 이러한 행동은 표면적인 적응에 불과한 것'이라고 분석한다. 잘 알고 있는 행동 패턴을 좇아 행동할 뿐이며 자신이 적극적이고 능동적으로 주위와 관계해나가는 일은 적다. 또 순종적이어서 가족이 문제를 발견하기가 어렵고, '가족과 정서 교류도 표면적'으로 이루어진다.

연령에 맞는 인간관계를 구축하는 능력을 키우지 못한 채 성장하여 인간관계의 부적응으로 인해 상처받고 불안한 마음을 내면에 가두어두고 있기 때문에, 표면적으로는 문제가 없어 보일 수도 있다. 이런 타입의 아이는 학교의 교사가 관여하기에도 어렵다.

중학교 때 교사와 거의 대화가 없었다거나 교사의 이름은 알아도 교사의 개성과 성격은 어떤지 전혀 알지 못했던 학생 등 이런 유형의 아이들은 무관심과 고립이란 특징을 보여준다. 얼핏 가족관계에는 전혀 문제가 없는 것처럼 보이지만 실은 중대한 문제를 떠안고 있는 경우가 많다.

고부간 불화가 심했지만 가장은 그 문제를 외면하고 집에는 거의 들어오지 않는 등 문제가 표면화되는 것이 두려워 가족 간의 대화가 단절된 모습 등이 보인다. 이러한 가족의 모습은 특수한 경우가 아니라 어디에서나 볼 수 있는 평범한 것이다. 범죄는 이러한 작은 요인이 복합적으로 결합되어 일어난다. 이 경우에도 사건의 배후에는 가족의 존재가 그림자를 드리우고 있는 것이다.

이런 유형의 청소년들에게서는 사건을 일으키기 전 하나의 공통적인 징후가 나타난다. 자신의 내면세계에 깊이 빠져들거나 흉기 수집, 공격적이고 폭력적인 게임·비디오·책에 지나치게 빠져드는 모습을 보인다. 이러한 사전 징후가 사건으로 발전하기까지에는 그 외에도 더 큰 요인이 있을지 모르지만, 연구의 분석은 여기에서 끝난다. 폭력적인 것과 결합한 내면세계의 팽창은 겉으로 보아서는 쉽게 분별하거나 분석할 수 없지만 이러한 징후가 추출된 것에는 나름 의미가 있다.

한편 정신장애가 의심되는 경우에는 정확한 분석이 어렵다.

중대사건을 일으키는 소년에게 발달장애나 뇌의 기질적인 장애가 있는 것은 아닐까 하는 지적이 자주 있었지만 그러한 장애가 있는 사람이 모두 사건을 일으키는 것은 아니어서 이러한 장애와 사건을 단순히 결부시키는 것은 대단히 위험한 발상으로서 경계해야 한다.

자녀가 가해자가 되기 전에
보내는 신호 ③

 사춘기가 되어 커다란 좌절을 경험하는 세번째 유형은 공부와 스포츠 등에서 다른 아이들보다 뛰어났기 때문에 부모가 응석을 받아주며 길렀지만 사춘기에 접어들면서 감당하기 힘든 좌절을 경험한 뒤 충동적으로 살인을 저지른 점이 특징이다.
 주위로부터 인정받는 동안은 좋았지만 그것이 붕괴되면서 자포자기가 되어 주변에 화풀이를 하다가 결국 살인까지 저지르게 된 것이다. 이들의 부모는 무조건 아이를 감싸고 기르면서도 정작 아이가 정말 힘들어 할 때에는 대화상대가 되어주지 않는 경우가 많았다. 어릴 때부터 제멋대로 거칠고 난폭한 행동을 해도 공부나 운동 등에서 뛰어났기 때문에 부모가 아이의 나쁜 점을 간과하는 경우에 해당한다.
 한편 아이는 부모로부터 평가받은 자신의 이미지가 파괴되는 것을 두려워하면서 부모와 진심으로 가슴을 열어 놓고 대화할 수 없는 경우가 많았다. 이처럼 어색한 부모 자식 관계는 자식의 좌절을 계기로 표면화된다.
 자신들이 생각했던 이상적인 자식의 이미지가 조금씩 붕괴되어가는 것을 목격한 부모는 지금까지 자식을 대하던 태도를 180도 바꾸어 이제는 자식을 폄하하고 무시한다. 이로써 좌절하여 상처받은 자식의 심정을 살피고 위로해주지 않는 부모와 자식 사이에는 메우기 힘든 깊은 균열이 생긴다.

이런 유형의 아이들은 종종 학교 교사를 깔보는 태도를 지니기도 한다. 현실 이상으로 비대한 자기 상(像)을 감당하기 위해 교사에게는 어떻게 대해도 된다고 제멋대로 생각하는 것이다. 교사는 그것을 알아채서 조심하는데, 그것이 다시 교사에 대한 아이의 반감을 더욱 증폭시킨다.

미열·복통 등을 호소하고, 학교 등교를 돌연 혐오하거나 타인에 대한 난폭한 행동을 보이기도 하는 등의 모습이 범행 직전의 징후로 이야기되지만, 다른 유형에 비해 특징적인 행동으로 정의하기에는 무리가 있다. 따라서 이 유형에서도 부모와 교감하는 관계가 범죄에 이르는 중요한 한 요소가 된다.

다만 이 유형은 처음부터 살인을 하려는 의도는 드물고, 범행 시에 칼 등을 지니고 있지 않았다면 살인에까지 이르지는 않았을 가능성이 높다고 한다.

이 세 가지 유형 가운데 어느 하나 정도는 '우리 아이에게도 꼭 들어맞는다'는 생각에 불안한 사람이 많을 수 있다. 범죄라는 것은 그만큼 종이 한 장 차이로도 일어날 수 있는 것이기 때문이다. 이러한 연구분석과 이번 가해자 가족의 취재를 통해 청소년범죄와 그 부모에 대해 필자는 다음과 같은 것을 느꼈다.

'우리 아이가 설마'라는 '성선설'의 관점을 가진 부모가 될 것인가 또는 '혹시 우리 아이도' 하는 '성악설'의 관점을 가진 부모가 될 것인가. 이는 부모가 어떤 관점을 가지는가에 따라 자식의 범죄를 사전에 예방할 수 있는지 여부가 좌우되기 때문이다. 자식에게서 무언가 이상한 징후(신호)가 나타날 때 후자의 관점을 지닌 부모는 아이가 일정한 선을 넘어가지 않고 본래의 모습으로 돌아오도록 되돌릴 수 있을 거라고 한다.

바늘 도둑이 소도둑 된다

일본에서는 미수에 그친 사건을 포함해 1년 평균 1,200여 건의 살인사건이 일어난다. 하루 평균 3~4건의 살인사건이 일어난다는 계산이 된다. 실제 신문과 텔레비전 뉴스에서는 매일같이 살인사건이 보도되고 있다.

일반 사람들의 시각으로 본다면 사람을 죽인 살인범을 이해하기는 어렵다. 강도나 절도 등과 다르게 살인은 일반 사람들에게 가장 먼 두렵고도 이해할 수 없는 세계이기 때문이다.

하지만 가해자 입장에서 살펴보면 어느 날 갑자기 살인사건을 일으키는 경우보다는 작은 범죄를 계속 반복하다 마침내는 사람의 목숨까지 빼앗는 최악의 사건을 저지르는 경우가 많다.

이 점에 대해 일본에서는 주목할 만한 연구자료가 없어 해외의 사례를 살펴봤다. 영국의 저널리스트인 토니 파커가 10인의 살인범을 인터뷰한 《살인자들의 오후》에서는, 범죄의 배경으로 열악한 가정환경 등을 이야기하면서 '작은 범죄'가 쌓여 살인에까지 이르는 모습을 상세하게 보여준다.

이 책에서 다룬 10인의 살인자가 사람을 죽이게 되기까지의 범죄 이력은 다음과 같다.

① 13세에 가택침입 강도. 그 후 재범. 18세에 길 가던 사람을 찔러 살해. 종신형 받음

② 14세에 할아버지에게 용돈을 조르다가 말다툼 끝에 가위로 머리를 찔러 사망케 함

③ 어린 시절부터 자전거와 오토바이로 강도를 계속 함. 소년원에 들어가 있는 동안 태어난 18개월 된 자식을 살해하여 종신형 판결을 받음

④ 여성. 양친의 이혼 후 보육시설에서 생활. 부친이 계모와 여행가자 집에서 보석을 훔쳐 고물상에 팔아넘김. 30세에 술집에서 알게 된 남자로부터 폭행을 당하자 칼로 찌름

⑤ 어린 시절 식료품점 강도를 하고, 모터보트에서 엔진을 훔쳐

팔기도 함. 성인이 되어서는 8세 남자아이, 3세 여자아이를 살해. 사체에 성폭행 흔적이 남음.

⑥ 16세 때 오토바이를 훔쳐 무면허로 타고 돌아다니다 경찰에게 체포. 23세 때 같은 하숙집 남성을 살해, 종신형을 받음

⑦ 이혼한 부인과 다시 살기 시작했지만 싸움이 끊이지 않음. 차에서 싸움 도중에 부인을 떨어트려 사망하게 함

⑧ 강도와 절도를 반복. 마권을 위조한 죄로 4개월 교도소 생활. 결혼 후 장녀를 욕조 물에 빠트려 익사시키고 둘째딸을 베개로 눌러 질식사시킴

⑨ 강도, 빈집털이, 차 안에 있는 물건 훔치기 등을 반복. 보석가게에 침입했을 때 신고를 받고 출동한 경찰관을 살해하여 종신형 받은 것이 19세 때 일.

⑩ 매춘부로 생활하면서 19세 때 사귀던 남자가 자신의 친구와 바람이 난 것을 알고 친구를 살해.

모두 단독범행이다. 14세에 사람을 살해한 ②와 치정이 원인이 된 ⑦, ⑩을 제외하고 10건의 사례 가운데 7건이 살인에 이르기 전 절도 등 상대적으로 가벼운 범행을 반복해왔다는 것을 알 수 있다. 아주 작은 죄라도 자꾸 반복하다보면 죄를 짓는 것에 대한 망설임, 두려움 같은 장벽이 점차 낮아지는 법이다.

자녀가 가해자가 되기 전에
보내는 신호 ④

　청소년사건 가운데 린치(집단 폭행 괴롭힘) 살인에서는, 집단 심리가 상승 작용을 일으켜 피해자가 처참한 모습으로 죽음에 이르는 경우가 많다. 몇 시간에 걸친 폭행의 과정에서는 눈을 가려야 할 정도로 비인간적인 폭력이 난무한다.
　집단이 벌인 살인 등 중대사건에 대해서는 단독 범행 사건과는 다른 분석이 필요하다. 〈중대 청소년사건의 실증적인 연구〉에서는 그 포인트를 다음과 같이 이야기한다.
　"집단 사건의 경우 처음부터 살인을 하려고 생각한 경우는 드물며, 피해자를 구타하는 과정에서 집단심리가 발동하여 폭행이 점점 격해지고 정신을 차려보면 피해자가 죽어 있는 사례가 대부분이다."
　이렇게 살해당한 피해자 측에서는 정말 견딜 수 없는 일이지만 이런 집단 사건에는 대부분 주범격인 청소년이 있다. 이 연구는 '주범격인 청소년은 자신이 배짱이 있다고 허세를 부리면서 폭력을 과시하는 것으로 주목받고 싶어 하는 경향이 강하다'고 분석한다. 어린 시절 체벌을 당했거나 왕따 경험이 있거나, 가정폭력 등 폭력이 일상적으로 존재하는 가정환경에서 자란 아이는 점차 자신도 모르게 폭력을 휘두르게 된다. 그것이 학교와 가정에서 느끼는 고립을 보충해주는 보상성격처럼 되어 반사회적인 행동으로까지 나아간다.

종범격인 청소년은 겉으로는 학교에서 커다란 문제를 일으키지 않지만 불량과 폭력에 대한 동경이 강하다. 자신의 불안과 불만을 집단행동으로 해소하기도 하고 주범격인 청소년을 추종하면서 자신도 강한 사람이 된 듯한 기분을 느끼는 경향이 강하다고 한다. 이들 종범격인 청소년은 자신이 범한 죄와 피해자를 똑바로 보지 않는 경향이 있다. 범죄 현장의 분위기에 휩쓸려서 범행 가담을 거절하면 자신이 당했을지도 모른다는 이유를 들면서 자신이 저지른 죄를 똑바로 바라보려고 하지 않는다.

주범격인 청소년도 죄책감이 거의 없다. 그룹에 책임을 전가하기도 하고 피해자가 폭력을 도발했다는 등의 변명을 하기도 한다. 이처럼 죄책감이 적은 것은 집단 사건인 것과 깊은 연관성이 있다. 사건에 가담한 청소년은 처음에는 기분전환 삼아 즐기듯 가볍게 집단폭행에 관여하지만 점차 친구들에게 얕보이지 않으려는 허세를 부리다가 과격한 폭력에까지 이르게 된다.

그렇다면 어떻게 집단심리가 상승작용을 일으키는 것일까. 연구보고서는 집단사건의 특징으로 흥미로운 사실 한 가지를 말해준다. 사는 지역과 학교가 다르고, 멤버의 입회와 탈퇴가 잦

개념은 하나의 중요한 키워드가 된다. 사회학자 아베 킨야^{阿部謹也}가 도입한 개념인 '세상[世間]'은 최근에는 사토 나오키^{佐藤直樹}도 자신의 연구에서 깊이 있게 다루었다. 1년에 한 번씩 '학회^{世間學會}'도 개최된다.

이들에 따르면 '세상'에는 인권과 권리가 없고 '이해관계'만 존재한다. 받으면 되돌려주어야 한다. 무언가를 받으면 다시 보내주어야 하는 것이다.

서구적인 의미에서의 '개인'은 이 '세상'에는 존재하지 않는다. 단순하게 설명하자면, 서구의 사회 개념은 한 사람 한 사람이 확립한 '개인'이 모여 '시민사회'를 만들어내는 데에 반해, 일본의 사회 개념은 개개인이 애매모호한 '세상'에 의해 만들어진다는 것이다. 이러한 '세상'의 성격은 엄밀함을 요구하는 형법 세계에도 반영되어 있다고 사토 나오키는 말한다.

메이지 시대에 확립된 일본 형법의 기반에는 독일 형법이 있다. 사토는 독일에는 없고 일본에만 있는 '공모공동정범^{共謀共同正犯}'이라는 이론으로 '세상'을 분석한다. 여러 명이 범죄에 가담한 경우 실행행위를 한 개인뿐만이 아니라 공모에 가담한 사람도 정범^{正犯}으로 벌을 주어야 한다는 사고방식이다.

독일 형법에는 이러한 '공모공동정범'의 개념이 없다. 자신의 의사로 죄를 저지른 범죄자라는 존재가 전제이기 때문이다. 하지만 일본에서는 복잡하게 얽힌 인간관계 속에서 '그렇게 되고

아 서로 잘 알지 못하는 집단일수록 범죄가 점점 과격해지거
집요해지는 경향이 크다는 점이다.

잘 모르는 동갑내기들 사이에서는 서로가 자신의 나약함
드러내고 싶어 하지 않는 심리가 작동하고, 자신이 우위에
있고 싶은 기분이 강하게 든다고 한다. 그리고 서로 잘 알지
하는 또래 집단에서는 상호 간에 통솔이 어려운 면도 있다.
것이 음주 등에 의해 서로 복합적으로 작용을 일으켜 이상
분위기를 만들어내는 것이다. 50명 가까이 되는 집단이 일으
사건도 있었는데 그 경우에도 멤버 간에 약하게 보이고 싶
하지 않는 심리와 집단 부추김이 강하게 작용했다.

가해자 가족인 부모 가운데에는 "집단으로 한 것이니 책임
분산되어야 하는 게 아닐까요?"라며 자신의 자식을 감싸는
우가 많다. 그러나 그렇게 두둔하기에 앞서 자식이 어떤 친구
사귀는지를 아는 것은, 우리 아이들이 집단이 저지르는 중대
건의 가해자가 되지 않도록 예방하는 하나의 작은 열쇠가
수 있다. 단독범에 의한 범행처럼 어느 곳엔가 처음으로 되
지점이 분명히 있는 것이다.

'세상'의 공포

일본에서 가해자 가족이 처한 입장을 이해하는 데 '세상

말았다'고 주장하는 범죄자가 일정 수 존재하기 때문에, 이러한 개념을 새롭게 도입하지 않으면 안 되었다. 범죄에서조차도 '개인'은 없고 분위기와 '세상'에 휩쓸려 죄를 저지르는 것이다.

사건이 발생하면 가해자 가족은 이처럼 개인은 보이지 않는 '세상'에 둘러싸인다. 욕설을 담은 편지와 전화, 낙서는 거의 익명으로 이루어진다. 집단으로 똑같은 행동을 하면 익명의 개인은 눈에 보이지 않는 존재로 집단에 분산되어 항상 안전지대에서 의견표명을 할 수 있다. 그리고 '세상'의 이름과 얼굴로 행해지는 가해자 가족에 대한 공격은 점점 더 집요해지고 과격해지는 등 에스컬레이터 된다.

익명성이 극대화되는 인터넷은 이 같은 '세상'의 폭주를 가속화한다.

사토는 일본의 가해자 가족에 대해 생각할 때마다 1995년 오키나와에서 일어난 미군 병사의 여중생 집단성폭행사건으로 일본을 방문했던 미군 병사의 모친이 생각난다고 말했다. 일본의 보도진 앞에 얼굴을 드러낸 모친은 '내 아들은 일본 경찰에 속아서 체포되었다.'고 주장했다고 한다. 발언의 사실 여부를 떠나 일본에서 가해자 가족은 이름을 감추고 가능한 세상에서 몸을 숨기고자 하지만 서구에서는 '개인'이 전면에 나와 가해자 가족이라도 주장할 것은 주장한다는 것이나.

일본 사회에 잠재된
보이지 않는 손, '무라샤카이'

가해자와 그 가족을 마을공동체라고 할 수 있는 '무라샤카이 村社會(유력자를 중심으로 피라미드형 질서를 이루는 일본 전래의 폐쇄적인 조직·사회를 일컫는 말-역주)'가 어떻게 대하는지를 살펴보면, 일본 사회를 근저에서 움직이고 있는 또 다른 힘이 무엇인지 알 수 있다.

1961년 3월 28일 밤, 미에三重·나라奈良 두 현에 걸쳐 있는 나바리名張라는 마을의 공민관(마을회관)에서 친목회를 갖던 마을 사람들이 급작스레 복통을 호소하며 차례로 쓰러져 다섯 명의 여성이 사망하는 사건이 발생했다.

4월 2일 심야에 이 마을에 사는 남성 O가 범행을 자백하여 다음날 경찰에 체포되었다. 그 사실이 마을에 알려지고 난 뒤 마을사람들은 가해자 가족에 대해 매우 흥미로운 행동을 보였다고 한다.

"피해자 가족의 한 사람이 마을 방송에서 '가해자 O의 가족에게 사랑의 손을 내밀어주세요'라고 호소하자 한 어린아이가 가해자 A의 아이를 데리고 등교하는 모습이 보였다."(마이니치 신문 4월 27일)

도저히 믿기 힘든 모습이다. 어떠한 생각을 하기에 이렇게 행동할 수 있는지 이 기사에는 설명이 없었다.

하지만 재판이 시작되고, O가 범행을 부인하자 상황은 완전히 바뀌었다. 에가와 쇼코江川紹子는 《나바리名張 마을 독 포도주 살인사건의 희생자 6명》라는 책에서 그 모습에 대해 이렇게 쓰고 있다.

"마을 사람들은 O의 가족에게 말도 걸지 않고 완전히 무시했으며, O의 자택에는 시도 때도 없이 돌이 날아들었다. 가족들은 더 이상 마을에서 살 수가 없어서 야반도주와 다름없이 고향을 떠났다."

그뿐만이 아니었다. 마을 공동묘지에 있던 O의 가족묘도 파헤쳐져 다른 곳으로 옮겨졌다. O의 가족이 마을을 떠나면 가족의 묘도 마을 공동묘지에서 나와야 한다는 설명이었다. '마을의 집단따돌림에서도 화재와 장례식만은 예외'였지만, O의 가족에게는 그마저도 배려해주지 않은 것이다.

O는 재판에서 계속 무죄를 호소했다. 하지만 '무죄를 호소하면 호소할수록 마을사람들의 분노는 격해게 타올라 O를 조금이라도 이해하는 듯해 보이는 사람까지 적으로 간주했다.'

이렇게 돌변한 마을사람들의 모습은 전통적인 일본 사회의 기저 곧 무라샤카이를 이해하는 데 아주 흥미로운 사실을 알려준다. 서로 얼굴을 알고 평화롭게 지내는 작은 시골의 무라샤카이의 겉과 속 모습이 그대로 표면으로 떠오른 것이다.

O가 체포되자 마을사람들은 사이좋게 지내던 이웃사람들을 서로 믿지 못하는 '의심암귀疑心暗鬼('疑心, 暗鬼を生ず'의 준말; 의심을 하기 시작하면 모든 것이 의심스럽고 무서워진다는 일본 속담)' 상태에서 해방되어 마을의 질서를 회복했다. 그래서 O의 가족을 '관대하게 대하자'는 목소리도 나올 수 있었던 것이다. 그러나 O가 죄를 부정하는 순간 마을사람들에게 O는 '마을의 화목을 교란시키는 공동의 적'이 되고 말았다. 애써 회복한 마을의 질서가 붕괴되고 다시 의심암귀의 세계로 돌아가는 것을 두려워했기 때문일 것이라고 에가와는 말한다.

"그들(마을 사람들)에게는 한 개인의 인권과 진실을 추구하는 것보다는 집단 전체의 안정과 평화가 더 중요하다. 집단의 화목과 안녕을 지키기 위해 구성원 개개인의 눈물과 분노를 수면 아래 억압하고 있는 것이다."

O는 1972년 대법원에서 사형을 확정 받았다. 그러나 에가와는 O가 무죄일 가능성도 있다는 시각으로 이 사건을 분석했다. 2005년 4월, 변호사의 제7차 재심청구가 받아들여져 재심 개시가 결정되었다. 사건으로부터 44년이 지난 시점이었다.

마을공동체의 '화목'을 중시하는 '무라샤카이'의 강고한 힘은 현대 일본사회에도 변함없이 존재하고 있다.

피해자도 공격당한다

가해자 가족을 궁지에 몰아넣는 일본사회는 범죄에 희생된 피해자와 피해자 가족도 공격한다.

사회는 이들 범죄 피해자를 호기심 어린 눈으로 바라보는 경우가 많다. 범죄에 연루된 경험이 없는 이들 가운데 일부는 피해자가 된 데에는 무언가 이유가 있었을 것이라고 막연하게 추측하는 사람도 있다. 이러한 시각이 '피해자 측에도 잘못이 있었을 것이다.'라는 논리와 연결되어 편견을 지니고 바라보게 되는 것이다.

여기에는 매스컴의 보도가 담당한 역할도 크다. 피해자의 프라이버시를 무차별적으로 폭로하여 편견을 심어주기 때문이다. 예를 들면, 오케가와^{桶川} 스토커 사건(오케가와 역에서 여대생이 전 남자친구와 그 형이 고용한 남자에게 살해된 사건)과 치바대^{千葉大} 여대생납치 살해방화사건(21세의 여대생이 살해당한 후 불에 탄 사건)에서는, 피해자인 젊은 여성의 사생활이 가십 차원의 기사로 다루어졌는데 후에 사건과는 전혀 관계가 없다는 것이 밝혀졌다.

한편, 청소년사건에서는 민사소송이 새로운 공격을 불러일으키는 경우도 있다. 청소년사건으로 자식을 잃은 부모는 뒤늦게라도 진실을 알고 싶어서 민사소송을 제기하는 경우가 많다. 청소년사범 재판의 경우 범인의 프라이버시를 상대적으로 많이 보호해주는 편이어서 피해자 유족들이 재판에서 사건의 진상이 충분히 밝혀지지 않는다고 느끼는 경우가 많기 때문이다. 민사소송에서는 손해배상 청구가 이루어지기 때문에 형사재판과는 별개로 정황이 세세하게 다루어지기도 한다.

피해자 측의 청구가 법원에 받아들여지면 가해자 측은 피해자 측에게 배상금을 지불해야 한다. 배상금이 수천만 엔을 넘는 큰 액수인 경우 매스컴의 보도를 계기로 배상 금액에만 사람들의 관심이 집중돼 '자녀의 목숨을 돈으로 바꾸려 하는가?'라는 비난이 피해자 측에 집중되기도 한다. 이때 피해자 측은 이런 비난 전화와 편지는 물론 이웃사람들의 차가운 시선까지도 견뎌야 하는 것이다.

실제로 피해자 유족은 사건을 계기로 생업을 그만두어야 하는 상황에 몰리고, 가해자로부터 매달 분할 지불되는 배상액으로 근근이 생계를 이어나가는 경우가 적지 않다. 또 배상금을 모두 피해자단체에 기부해 자신의 주머니에는 돈이 들어오지 않는 유족도 있다. 이러한 피해자 유족의 개별 사정을 일체 무시하고 피해자 유족에 대해 비난과 증오를 드러내는 경우가 많다.

피해자에 대한 손해배상에 대해 미국은 일본과는 다른 사고 방식을 보여준다. 그것은 피해를 당한 사람을 보상해주는 단순

보상 차원의 손해배상이 아니라, 가해자에 대한 제재와 재발방지를 목적으로 하는 징벌적 손해배상을 가하기 때문이다.

징벌적 손해배상은 주로 기업의 제조자책임(PL) 등 경제범죄를 대상으로 했던 것으로, 피고가 고의나 악의를 가지고 원고에게 손해를 끼치거나 주의의무 위반을 했을 경우에 가하는 것이다. 이 경우에 피고는 일반적인 보상적 손해배상의 몇 배에서 수십 수백 배에 달하는 금액을 지불하라는 판결이 내려지는 경우가 많다.

일본인은 미국이 소송사회라고 비난하며 이러한 징벌적 손해배상의 판결을 두고 '자식의 목숨을 돈으로 바꾸었다'고 바라보기도 한다. 사회의 기존 질서(인식)를 바꾸려는 자에 대해서는 설혹 그들이 피해자라 할지라도 아랑곳 않고 공격하는 경향이 일본 사회에는 있는 것이다.

불안한 범죄 사회

현대 일본 사람들이 범죄에 대하여 어떠한 인식을 하고 있는지에 대한 흥미로운 데이터가 하나 있다.

각종 여론조사를 실시하는 사단법인 중앙조사사(中央調査社)가 2002년 4월에 발표한 《청소년 비행의 실태에 관한 조사》가 바로 그것이다. 청소년범죄의 실태를 알아보기 위해 피해를 당하고도 경찰에 신고를 하지 않은 '미신고 사건'과 경찰이 파악하지 못한 사건 등 '암수^{暗數}(실제로 발생했으나 범죄 통계에는 나타나지 않은 범죄-역주)'도 조사했다.

전국 268곳, 16세 이상의 남녀 5,000명을 표본으로 추출하여 실시한 조사는 우편엽서로 회답을 받았다. 유효 회답 수는 2,672통 회신률 53.4퍼센트였다. 이 가운데에는 범죄에 관한 시민 의식을 알아보는 설문 내용도 있었다. 10년 전과 비교하여 청소년 범죄가 증가했다고 느끼는지에 대해 응답자가 사는 지역과 일본 사회 전체 두 개로 분류하여 질문했다. 결과는 아래와 같다.

○ 당신이 사는 곳에서 범죄가
    많이 증가했다 …… 13.5%
    증가했다 …… 47.2%
    감소했다 …… 1.8%
    많이 감소했다 …… 0.2%
    변하지 않았다 …… 32.1%

○ 사회 전체적으로 범죄가
    많이 증가했다 …… 62.5%
    증가했다 …… 29.9%

감소했다 …… 0.3%

많이 감소했다 …… 0%

변하지 않았다 …… 3.3%

90% 이상의 사람이 사회 전체적으로는 범죄가 증가했다고 느끼면서도 자신이 사는 곳에 대해서는 범죄 증가를 이야기하는 사람이 60%에 그쳤다.

앞으로 청소년범죄가 증가할지에 대해서도 질문했는데 이 질문에 대한 대답도 앞의 질문에 대한 답변과 같은 경향을 보였다.

○ 당신이 사는 곳에서는 앞으로 청소년범죄가

많이 증가할 것이다 …… 18.7%

증가할 것이다 …… 55.2%

감소할 것이다 …… 1.5%

많이 감소할 것이다 …… 0.3%

변하지 않을 것이다 …… 19.8%

○ 사회 전체적으로는 앞으로 청소년범죄가

많이 증가할 것이다 …… 47.2%

증가할 것이다 …… 42.7%

감소할 것이다 …… 0.8%
많이 감소할 것이다 …… 0.1%
변하지 않을 것이다 …… 5.6%

사람들은 일본 사회의 치안이 급속하게 악화되고 있다고 느끼지만, 자신들이 사는 지역은 아직 그 정도는 아니라고 생각하고 있는 것이다. 객관적인 데이터로 본다면 실제 청소년범죄가 그 정도로 급증한 것은 아니다. 범죄에 대한 불안은 '사회 전체'라는, 자신의 일상에서 얼마간 떨어진 막연한 공간에서 조금씩 넓혀가는 것이다. 체감하는 치안 악화에 대한 사람들의 의식구조는, 료코쿠대학^{龍谷大学} 하마이 코이치^{浜井浩一} 교수 등 많은 연구자들의 논문에서 자주 지적되고 있다.

사람들의 범죄에 대한 의식은 자신들과 가까운 곳보다는 매스컴의 보도 등을 통해 형성되고 있는 것이다.

가해자 가족을 취재한 기자의 고뇌

가해자 가족의 집을 방문하여 취재하고자 하는 기자들은 가해자에 대한 기사를 작성하려는 목적만으로는 설명할 수 없는 복잡한 생각을 갖고 있는 경우가 많다.

2009년 12월 20일, 요미우리신문의 〈기자노트〉에 신참기자의 심정을 담은 '가해자 가족의 고뇌加害者家族の苦しみ'라는 칼럼이 게재되었다.

그해 5월 하순, 입사한 지 얼마 되지 않은 이시이 쿄헤이石井恭平 기자는 도야마富山 지국에 배치됐다. 그리고 1월에 일어난 살인사건 가해자의 고향집에 취재를 갔다. 용의자인 남자가 체포되었다는 고지를 받은 이후의 취재로 신참기자 이시이는 데스크의 지시대로 움직였다.

그날은 30도가 넘는 지역이 있을 만큼 초여름치고는 아주 더운 날이었다. 범인의 고향집을 방문하자 아무것도 모르는 조모 혼자서 집을 지키고 있었다. 이시이 기자는 "손자 분이 오늘 살인 용의자로 체포되었습니다."라고 조심스레 조모에게 전했다. 조모는 그 사실에 경악하며 충격을 받아 말도 제대로 하지 못하고 오들오들 떨었다고 한다.

이시이 기자는 그때의 심정을 칼럼에서 이렇게 적고 있다.

"어째서 나는 이렇게 가혹한 일을 해야 하는 것이지, 순간 도쿄에 있는 내 할머니가 떠올라 눈물이 흘러내렸다. 내 할머니가 만약 같은 상황에 놓인다면 얼마나 괴로울까. 그런 괴로움을 이 사람에게 주고 말았다. 가해자의 가족이니 이렇게 해도 좋은 것일까, 하는 생각이 문득 들었다."

이시이 기자는 "할머니에게 괴로움을 드려 정말 죄송합니다.

그렇지만 이것도 제 일입니다. 용서해주세요."라며 호소했다. 잠시 후 가해자의 부친이 귀가해 자식과는 10년 전에 연을 끊었다는 것과 옛날에는 사랑스러운 아이였다는 증언을 들려주었다. 취재기자의 심정을 담은 글이 지면에 게재되는 것은 대단히 드문 일이다.

처음 취재를 했던 5월 하순으로부터 6개월 후, 피의자는 재판에서 징역 17년의 판결을 받았다. 기자는 다시 고향집을 방문했지만 그들은 취재에 응하지 않았다. 가해자 가족의 심정이 어떤지는 더 이상 들을 수 없었다.

칼럼의 마지막을 이시이 기자는 이렇게 끝맺는다.

"범죄가 피해자뿐만 아니라 가해자 가족에게도 괴로움을 준다는 것을 알리고 싶다. 할머니가 눈물을 흘렸을 때 어떻게 했으면 좋았을까, 아직까지 나는 답을 찾을 수 없다. 다만, 그때의 모습을 잊지 않고 기자로서의 소임을 다하며 일하고 싶을 뿐이다."

위험한 발상
보도규제론

가해자 가족에게 큰 영향을 끼치는 보도의 패턴에는 두 가지가 있다.

첫째는 잘못된 내용이 보도되거나 사건의 본질과는 관계없는 것이 보도되어 인격과 인권을 심하게 손상시키는 경우이다.

둘째는 집단 과열취재 혹은 미디어 스크럼$^{media\ scrum}$이라고 부르는 형태이다. 사건·사고 당사자의 집과 직장을 미디어가 둘러싸 프라이버시가 극단적으로 침해되거나 사회생활에 지장을 초래해 정신적·물리적으로 궁지에 몰리는 경우인데, 피해자와 피해자 가족, 가해자와 가해자 가족, 지역 주민 등 모든 관계자가 이 대상에 포함된다.

주요 신문사와 NHK, 민영방송국 각 부처가 모여 만든 일본언론협회는 2001년 12월, '집단 과열취재에 관한 일본언론협회 편집위원회의 견해'를 발표했다. 보도의 자유를 지키고 국민의 알 권리에 부응하는 것을 우선으로 하되 과열취재의 문제에 미디어 측이 자발적으로 대처해나가는 것을 목표로 한다.

이에 따르면 모든 취재자는 취재시 다음과 같은 사항을 준수해야 한다.

1. 취재를 거부하는 당사자와 관계자를 억지로 포위한 상태에서 취재를 하면 안 된다. 취재 대상이 초등학생이나 유아인 경우에는 취재방법에 특별한 배려를 해야 한다.

2. 장례나 사체반송 등을 취재하는 경우 유족과 관계자의 심정을 충분히 배려하여 복장과 태도 등에 유의를 한다.

3. 주택가와 학교, 병원 등 정숙해야 할 장소에서의 취재는 주차를 비롯해 주변의 교통과 안녕을 방해하지 않도록 유의한다.

이밖에 집단 과열취재로 낭사자가 영향을 받은 경우 미디어 측은 공동으로 해결책을 협의·조정해야 한다. 제3자인 국가권력으로부터 규제를 받기 전에 스스로 노력하여 문제를 해결하려는 것이다. 미디어에 피해를 당하는 사람들을 보호하는 법률은 필요하지만, 피해당사자를 구제하기 위한 법률이 언론의 보도와 표현의 자유를 국가권력이 침해하는 사례를 낳을지도 모른다는 우려 때문이다.

일본 헌법 제21조는 다음과 같이 말하고 있다.

"집회, 결사 및 언론, 출판 그 외 모든 표현의 자유를 보장한다. 검열은 해서는 안 된다. 통신의 비밀을 침해해서는 안 된다."

아사히신문에서 오랫동안 카메라맨으로 일한 마쓰모토 이쯔야松本逸也에 따르면, '보여주기식 상업주의'가 특종 경쟁을 낳고 집단 과열취재의 요인이 되고 있다. 예를 들면 용의자 '연행' 사진의 경우 "용의자의 얼굴이 찍혀 있는가, 용의자의 얼굴이 찍혀 있다면 어떤 표정인가 하는 아주 사소한 것이 뉴스 사진의 승패를 좌우한다."《집중보도-과열된 매스컴을 검증한다》)

이 책에서 마쓰모토는 보도기관이 추구해야 할 것은 '특종'이 아니라, '독자성'이라고 강조한다. 다른 미디어와 똑같이 한 취재를 근거로 조금 튀는 기사를 하나 만드는 것이 아니라 새로운 테마를 찾아내 그것을 파고들어야 한다는 것이다.

물론 시청률과 구독률이라는 안팎의 냉혹한 현실이 기다리고 있지만 그럼에도 불구하고 현재 미디어는 극단적인 대중 영합주의로 달려가는 모습이다. 미디어가 과연 무엇을 전할 것인지, 우리 사회는 무엇을 찾을 것인지 미디어는 항상 그 점을 생각해야만 한다.

억울한 죄일지라도 가족은 괴롭다

1991년 12월 1일, 아시카가^{足利} 시내의 셋집에서 자고 있던 스가야 토시카즈^{菅家利和}는 갑자기 경찰에 연행되었다. 그리고 수사를 통해 세 건의 여아유괴 살인사건의 용의자가 되었다. 무죄가 확정된 것은 영문도 모른 채 연행된 지 무려 17년 6개월이 지난 후였다. 토시카즈는 석방 후 감옥에서 가족 생각을 하면서 쓴 글들을 모아 《누명, 어느 날 나는 범인이 되었다》라는 책을 펴냈다.

체포된 지 2주 후 자백을 강요당하고 조사로 인해 몸이 후들거리는 와중에 형사로부터 부친의 부고를 들었다. 당시 부친은 향년 81세였다. 그때 형사는 "당신도 슬프겠지만 살해당한 사람은 더 비참하다."라고 말했다고 한다.

그 무렵, 토시카즈의 어머니는 검찰 조사에서 아들에 대해 이렇게 진술했다.

"아들이 원망스럽지만 원망만 힐 수 없습니다. 얼굴도 보고 싶지 않습니다. 지금이라도 바로 사형 당했으면 하는 생각입니다."

토시카즈는 이러한 어머니의 이야기를 나중에 전해 듣는다.

체포되고 한 달 후에 토시카즈는 아시카가 경찰서 유치장에서 우쓰노미야宇都宮 구치소로 옮겨졌다. 더 이상 조사받는 것도 없이 다다미 석 장이 깔린 독방에 갇히자 자신과 대면할 시간이 많아졌다. 그때서야 처음으로 "가족이 힘든 상황에 처해 있을지도 모른다."는 생각을 했다고 한다.

토시카즈는 어머니와 여동생에게 매일 편지를 썼다. 자신이 체포된 것은 무언가 잘못된 것이라고 편지에 썼지만, 답장은 오지 않았다. 가족은 면회도 오지 않았다.

아무 것도 모른 채 체포되고 16년이란 세월이 흐른 2007년 겨울, 수감 중이던 토시카즈는 어머니의 죽음 소식을 듣는다. 토시카즈의 무죄 입증을 위해 도와주던 사람이 알려주었는데, 어머니가 운명한 지 6개월도 더 지난 후였다. 토시카즈는 감옥에서 어머니가 자신의 일을 어떻게 받아들였을까를 계속 생각했다. 어머니만은 자신의 무죄를 믿어주었던 것일까, 아니면 어머니마저 자신을 범인이라고 의심했던 것일까, 이런저런 상상을 계속했다. 그러나 그 이야기는 끝내 어머니에게서 듣지 못하고 말았다.

그 후 2009년 재심에서 현장 유류품에서 채취한 DNA 감정 결과 토시카즈의 것과 일치하지 않음이 판명됨으로써 무죄가 확정되었다. 여동생을 만난 것은 17년 6개월의 수감생활이 끝난 후였다. 여동생은 변호사를 통해에게 보낸 편지에서, "어머니와 같이 몇 번이나 죽을 생각을 했고, 범죄자의 가족인 것을 숨기며 살았습니다. 이제부터는 오빠와 같이 조용하게 살아가고 싶습니다."고 썼다.

2009년 7월 하순 석방된 토시카즈는 도쿄 아사쿠사^{浅草}에서 여동생과 재회했다. 찻집에서 커피를 마시던 토시카즈가 "오랜 시간 고생이 많았다."라고 말을 하자 여동생은 이렇게 대답했다고 한다.

"더 이상 그 일은 생각하지 않는 게 좋겠어요……."

V

가해자 가족에게
필요한 것들

영국의 가해자 가족 지원 조직

가해자 가족을 어떻게 대하면 좋을지 고민하는 일본의 관계자들이 높은 관심을 보이는 영국의 NGO 조직이 있다. '수형자와 그 가족의 파트너'라는 의미의 영어 첫머리를 딴 POPS$^{Partners\ of\ Prisoners\ and\ Families\ Support\ Group}$가 그것이다.

POPS의 보고서에 따르면 가족의 일원이 가해자로 체포되면 POPS는 이후 형사수속에 대응해 다음과 같은 활동을 한다.

- 체포 단계에서 경찰이 가해자 가족에게 POPS에 대한 정보 고지
  - 법정에서의 여러 도움
  - 재판에 대한 다양한 조언
  - 전화와 방문 상담 접수
  - 교도소 재소 중의 여러 도움
  - 출소 후와 보호관찰시 가족에 대한 조언

POPS는 언제 어떤 경우든 가해자 가족이 어떠한 상황에 직면하는지를 알고 있으며, '체포', '복역 중', '출소'라는 세 단계에서 가해자 가족이 마주하는 문제를 함께 해결해나가는 것을 사명으로 한다.

▲ 영국의 가해자가족 지원 민간단체인 'POPS'의 홈페이지 화면

가족의 일원이 체포되면 남은 가족은 극심한 혼란에 빠지고 가정은 붕괴의 위기에 직면한다. 그러나 가해자 가족을 지원하면 범죄자가 출소 후 가족의 품에 돌아가는 것이 가능하고 그럼으로써 재범의 위험이 줄어든다. 영국에서 발표된 몇몇 논문을 분석한 POPS는 가해자 가족을 지원하는 것이 재범방지에 연결되어 최종적으로는 사회 전체의 이익에 기여한다고 판단한다.

POPS는 1988년 현 CEO인 파리다 앤더슨$^{\text{Farida Anderson}}$이 설립한 단체로, 2008년 연간 예산은 약 130만 파운드(약 2조 2,650억 원)였다. 잉글랜드 북서부의 대도시인 맨체스터를 거점으로 하며 영국 전역에 네트워크가 있다. 스태프 100명과 자원봉사자 30인으로 구성되어 있으며, 연간 25만 명 이상의 가해자 가족과 관계를 맺는다.

CEO인 앤더슨도 남편이 마약 관련 문제로 체포되면서 자식과 함께 어려운 생활을 경험한 적이 있다. 그것이 계기가 되어 가해자 가족이 서로 괴로움을 털어놓고, 발전적으로 살아가기 위한 장을 만들어 보고자 생각한 것이 POPS의 시작이었다.

1988년 POPS가 탄생하기 전에는 영국에도 가해자 가족과 연결되는 단체는 없었다. 영국에서도 가해자 가족은 사회의 편견에 시달리고, 경제적·심리적으로 궁지에 몰렸었다.

POPS가 설립된 후 20여 년이 지난 몇 해 전 POPS의 사회적 공헌을 인정받아 파리다 앤더슨은 영국 왕실로부터 훈장을 받았다. 이제 범인이 체포되면 경찰은 미란다 원칙을 고지하듯 가해자 가족에게 POPS라는 조직을 알려주는 등 POPS는 사회적으로 중요한 역할을 하고 있다.

가해자 자녀들과 마주하다

가해자 자녀에 대한 지원은 POPS가 중점적으로 추진하고 있는 활동의 하나다. 《수형자의 자녀》라는 보고서에는 수형자 자녀의 실태와 과제가 실려 있다.

이 보고서에 따르면 영국에서는 부모가 사법기관에 체포되는 아이가 1년에 15만 명 이상에 달한다. 이 어린 자녀들은 '엄마는 일이 바빠서 당분간 집에 오지 못한다'거나 '아빠가 몸이 안 좋아서 잠시 병원에 입원했어요'라는 말을 듣는다. 그리고 아이는 아무것도 모른 채 사회로부터 '범죄자의 자식'이라는 낙인이 찍힌다. 하지만 후에 이 사실을 아이가 알게 되면서 받는 충격은 크고, 정신적으로도 큰 혼란을 겪는다. 이느 정도 성장한 자녀들도 부모가 경찰에 연행된 이유를 정확하게 이해하지 못하고 경찰을 원망하는 경우가 많다. 보고서에 따르면 가족의 일원이 교도소에 들어간 가족은 22%가 이혼하고, 45%가 절연했다.

이렇게 불안정한 환경에 놓인 자녀들은 범죄자가 되기 쉽다고 POPS는 이야기한다. 궁지에 몰린 아이들은 음주와 약물, 소매치기 등의 범죄에 노출되고 그것을 통해 자신의 분노와 수치심을 상쇄하려 한다. 이처럼 범죄자의 자녀가 다시 범죄자가 되는 것을 막기 위해서는 범죄자의 자녀를 지원하는 시스템을 만들어야 한다고 앤더슨은 말한다.

POPS는 다음과 같은 일을 하고 있다.

- 자유 공간 free area

POPS는 교도소 내에 면회를 온 가해자 가족이 머무르는 방문자 센터(visit center)라는 장소를 운영한다. 이곳은 바깥세상과 교도소를 이어주는 완충 공간으로 가해자 가족들은 이곳에서 서로 이야기를 나눌 수 있다. 또한 아이들이 이용할 수 있는 자유공간(free area)이라는 곳도 있다. 여기에는 전문 스태프를 배치하여 아이들이 긴장하지 않고 면회할 수 있도록 도와준다.

- 전화상담

엄마나 아빠가 교도소에 들어간 이유를 아이에게 정확히 이해시키기 위하여 어떻게 이야기해주어야 하는지 상담해준다. 충격적인 이야기를 그릇된 방법으로 전달하면 아이는 더욱 불안정하게 되고 비행을 저지르기 쉽다. 사건의 내용과 아이의 연령에 따라 전달하는 방법이 다르겠지만, POPS는 오랜 시간 축적해온 경험과 자료를 바탕으로 조언해주고 있다. 2008년 한 해에 1만 3,500건의 상담이 이루어졌다.

이밖에도 가해자 가족을 위한 다양한 상담을 해주고 있으며, 다른 NGO와 연대하여 가해자 가족에 대한 다양한 지원을 하고 있다. POPS는 계속 가해자의 아이와 관련된 통계 데이터를 수집·분석하며 이후로도 이 활동을 더욱 확충할 계획이다.

가해자의 자녀들이 함께 만나는 오스트레일리아

POPS가 가해자 가족의 지원 분야에서 선구적인 활동으로 주목하고 있는 것이 바로 '아이들에게 빛을[Shine of Kids]'이라는 프로그램이다. 이 프로그램은 수감자의 자녀를 지원하는 오스트레일리아의 조직 COPSG$^{Children\ of\ Prisoner's\ Support\ Group}$가 운영하고 있다.

오스트레일리아 최대 도시 시드니를 거점으로 하는 COPSG는 지역 교정국^{矯正局}, 지역 서비스국 등으로부터 자금 지원을 받아 가해자 가족에 대하여 다음과 같은 지원활동을 하고 있다.

- 방과 후 활동$^{Group\ Work}$

전문 스태프가 방과 후 가해자 자녀와 함께 시간을 보낸다. 공부를 도와주고, 대화상대가 되어주기도 하고, 공작^{工作}과 게임을 하면서 '누군가에게 돌봄을 받고 있다'는 느낌을 가질 수 있는 환경을 만들어준다.

- 일일여행$^{Day\ Trip}$

한 달에 한 번 당일 코스로 그룹 여행을 간다. 엄마나 아빠가 교도소에서 복역 중인 자녀들이 함께 여행을 가는 것으로, 단순히 여행을 하는 것이 아니라 같은 처지의 아이들끼리 서로 위로하고 어려움을 이야기할 수 있는 기회를 만들어준다.

- 면회 지원

복역 중인 부모에게 면회를 가는 자녀들에게 이동수단을 제공한다. 보호자가 없고 돈도 없어서 면회를 가지 못하는 자녀들을 위한 배려이다.

- 펜팔

부모가 복역 중인 자녀들이 서로 소통할 수 있도록 지원한다. 이러한 대부분의 프로그램을 무료로 서비스 받을 수 있다. 그 밖에도 교도소 내에서 재소자와 자녀가 만나는 교류의 날 제정, 비디오를 이용한 화상 면회 등도 추진하고 있다.

'아이들에게 빛을'을 운영하는 조직 COPSG의 설립은 1982년, 범죄의 그늘에는 피해자 가족뿐만 아니라 가해자의 자녀가 사회로부터 고립되어 또 다른 궁지와 악순환에 몰린다는 연구보고에서 시작되었다. 오스트레일리아에서도 1982년 이전에는 가해자 가족에 대한 지원이 존재하지 않았다.

이러한 활동에서 주목해야 할 것은 가해자의 자녀들을 전문으로 지원하는 조직이 있고, 자녀들 간의 교류 등 가해자 가족끼리의 연결을 지원하고 있는 점이다.

일본의 가해자 자녀들은 사회로부터 몸을 숨기고 다른 사람 눈에 띄지 않게 살아가는 경우가 많지만, 오스트레일리아에서는 가해자의 자녀이지만 이런 상황으로 인해 새로운 인간관계를 맺는 장이 제공되는 것이다.

미국의 가해자 가족 ① 놀라운 사실

일본에 비해 범죄 발생률이 현저히 높은 미국의 경우 FBI 연방조사국에 따르면 연간 범죄건수는 1,156만 건을 넘는다. 그 가운데 살인·강간·강도·폭행 등의 흉악 폭력 범죄는 139만 건으로, 인구 비율을 고려해도 일본의 7만 건에 비해 압도적으로 많다. 이토록 범죄가 많이 발생하는 미국 사회는 가해자 가족을 어떻게 대할까.

다음에 나오는 사례는 일본에서는 믿기 어려운 이야기이다.

1998년 아칸소 주의 고등학교에서 총기난사 사건이 일어나자 학교 캠퍼스 내에서 발생한 사건의 중대성을 감안하여 매스컴은 가해소년의 실명과 사진을 공개했다.

저널리스트 시모무라 켄이치下村健一가 전해주는 가해소년의 모친에 대한 미국 사회의 반응은 너무도 놀라워서 믿기 힘들 정도였다.

실명이 보도된 이후 모친에게는 미국 전역에서 편지와 전화가 쇄도했고 상자 두 개를 가득 채울 만큼 편지가 쌓였다. 하지만 모친 앞으로 온 편지의 내용은 이제까지 일본 사회가 가해자 가족에게 보여준 반응과는 180도 달랐다. 가해소년의 가족을 격려하는 편지뿐이었다.

TBS의 〈뉴스23〉에서 방송된 리포트에서는 소년의 어머니가

얼굴을 드러내고 실명으로 취재에 응했다. 시모무라가 전국에서 온 편지의 내용은 무엇인지 묻자 모친은
"모두 저를 격려하는 편지입니다."라고 답했다.

시모무라는 자신의 블로그에 그중 몇몇 편지 내용을 소개하고 있다.

"당신의 아들에게는 지금이 너무나 중요한 때이니 자주 면회를 가세요.", "사건을 일으킨 자식 돌보는 데 너무 신경을 쓰는 나머지 남은 자식들을 소홀히 하지 않도록 유의하세요.", "일요일 교회에 모여 당신 가족을 위해 기도하고 있습니다." 등등.

시모무라에게 이것은 미국 취재활동 기간 '최대의 충격'이었다고 한다.

이 리포트가 방영되던 당시 일본에서는 '와카야마^{和歌山} 독 카레 사건'이 발생한 직후로 가해자 가족의 집에 비난과 욕설, 협박 낙서가 끊이지 않아 세간의 화제가 되던 무렵이다. 작가 모리 타츠야^{森達也}는 시모무라의 리포트를 보고 '심각한 동요가 일었다'고 말한다. 훗날 그는 시모무라에게서 상세한 이야기를 듣는다(《우리에게서 유리된 미디어는 존재하지 않는다^{僕らから遊離したメディアは存在しない}》).

모리 타츠야를 만난 자리에서 시모무라는 이렇게 말했다고 한다. "시민의식의 차이, 민도^{民度}(특정 지역에 사는 사람들의 지적수준, 교육수준, 문화수준, 행동양식 등 사람들의 성숙도를 가

리킨다_역주)라고 말하면 좋을지 모르겠습니다만, 범죄와 개인에 대한 의식이 (일본과 미국은) 완전히 다릅니다. 일본에서 만약 고베 사건의 가해자 소년의 정보를 공개했다면 예측할 수 없는 사태에 이르렀을 겁니다."

개인정보가 미디어에서 공개되지 않는데도 어디선가 유출되고, 가해자 가족에 대한 격렬한 비난으로 이어지는 것이 일본의 현실이다.

모리는 시모무라의 말을 듣고 이렇게 쓰고 있다.

"책임을 져야 하는 것은 우리들 모두입니다."

미국의 가해자 가족 ② 수감자에게 '가족'의 의미를 알려준다

미국에서는 교도소에 복역 중인 수감자에게 '가족'의 의미를 가르치는 프로그램을 실시하고 있다. 일본갱생보호협회에서 펴낸 논문 〈갱생보호시설의 SST매뉴얼〉에 따르면 1990년대 중반 무렵에 미국 교도소에 이러한 행동스킬을 가르치는 프로그램이 도입되었다.

가정과 직장 등 다양한 대인관계에서 어떻게 행동하면 좋은지 수감자에게 모델을 제시하고, 다시 범죄를 저지르지 않고 살아갈 힘을 몸에 익히도록 하는 것이 행동스킬 프로그램이다.

조지아 주 애틀랜타에 있는 교도소에서는 가정 내 폭력 사건을 일으킨 수감자에게 11개 코스(각 코스별 6주 소요)의 교육 프로그램이 준비되어 있다고 앞의 논문은 밝히고 있다. 고등학교 졸업 정도의 지식을 배울 수 있는 '기초교육 클래스', 자신의 행동에 대해 객관적인 분석을 하는 '엠파워 멘토 틀래스', 이력서 작성법과 면접 방법을 배우는 '취업 스킬 클래스' 등 다양하다.

그 가운데에는 '자녀관계 클래스'라고 부르는 프로그램도 있다. 부모로서 면회 온 자녀와 어떻게 접촉을 하면 좋을까를 가르쳐주는 코스이다. 재범방지와 함께 가해자 가족인 자녀들에 대한 지원도 이루어지는 프로그램이라고 생각된다.

전문지식을 지닌 석사학위 이상 소지자인 소셜 워커^{Social} ^{Worker}(사회복지사)가 프로그램을 이끌며, 매회 강의는 2시간. 연령에 따라 아이의 발달이 어떻게 진행되는지를 배우면서 각각의 시기에 부모가 해야 할 역할, 예의범절, 커뮤니케이션 방법 등을 배운다.

학습을 시작한 후 4주째와 6주째에는 교도소 직원이 지켜보는 가운데 실제로 자녀와 만남을 갖는다. 그날에는 특별히 직원 식당이 개방되고, 자녀들은 함께 간식을 먹고 컴퓨터를 하거나 게임도 할 수 있다.

이 11개 코스의 최종단계는 '이행 서비스'라고 부른다.

교도소의 사례관리자^{case} ^{manager}가 수감자 한 사람 한 사람과 면접하여 각각 어떠한 문제를 안고 있는지 상담하면서 출소 준비를 하는 것이다. 출소 후의 주거와 구직 문제뿐만 아니라 가족과 어떠한 관계를 만들어나갈 것인지에 대해서도 상담한다.

이 프로그램이 어느 정도의 성과를 올릴 것인지는 확실하지 않다. 하지만 미국 교도소에서는 사례관리자가 수감자 한 사람 한 사람 관계하여 관리하고 있는 것이다. 일본에서는 사례관리자가 그만큼의 지식을 가지고 있어도 당장 교도소에서 이런 형태로 일하는 것은 어렵겠지만, 이 논문은 최소한 애틀랜타와 같은 학습 프로그램을 도입하는 것이 재범방지로 이어질 수 있음을 알려주고 있다.

일본의 가해자 가족 ① NPO 설립

일본에서 가해자 가족을 지원하는 시민단체인 '월드 오픈 하트World Open Heart'가 설립된 것은 2008년이다. 대표인 아베 쿄코阿部恭子 주도 아래 변호사, 정신보건복지사, 대학 연구자들이 설립 멤버로 참가했다. 거점은 센다이仙台다.

설립 초기 지역의 유력 신문이 '월드 오픈 하트'의 활동 개시를 보도하면서 기사를 본 가해자 가족들이 조금씩 연락을 해왔다.

신문기사를 읽은 친구로부터 단체의 존재를 알게 되어 연락을 한 A의 이야기를 들어 보았다. A는 '월드 오픈 하트'를 알게 되었을 때 처음에는 연락을 망설였다고 한다. 신문에 보도 되었다고는 하지만 단체의 이력이 확실하지 않아 종교단체일지도 모른다고 생각했다. 게다가 프라이버시가 지켜질 수 있는지에 대한 불안도 컸다. A는 1주일 정도 망설이다 겨우 연락을 했다.

전화는 24시간 연락이 가능했다. 대표인 교코 씨가 휴대전화를 늘 지니고 다녀 언제라도 상담에 응할 수 있도록 했다. 가해자 가족의 상담전화를 받고 장시간 통화하는 교코 씨의 모습을 취재 중에 몇 번이나 목격했다. 상담전화는 자주 울렸다.

'월드 오픈 하트'는 한 달에 한 번 정도 가해자 가족의 대화의 장인 '나눔 모임'을 열고 있다. 홈페이지에서 안내를 하고 전단지를 만들어 배포하지만 어디에서 모임을 갖는지 장소는 공개하지 않는다. 제3자에게 모임장소가 알려지면 예기치 않은 비난이나 반발을 불러일으킬지도 몰라서 전화로 연락을 해온 사람에 한해서 가르쳐준다고 한다.

'나눔 모임'은 가해자 가족이 평소 느끼는 다양한 생각을 대회로 나누는 장이다. 누구에게도 말할 수 없었던 고통을 말하면서 눈물을 흘리는 사람도 있다. 이 모임에 참가하는 가해자 가족은 가족의 범죄를 '책임 회피'하려는 것이 아니라,

어떻게 받아들이면 좋을지를 진심으로 고민하는 사람들이라는 인상을 받았다. 책임을 회피하려는 가해자 가족이라면 이러한 모임에 참가하여 타인과 대화를 하지도 않을 것이다.

대화하기 편안 분위기를 만들기 위해서 발언자를 비난하지 않기, 누군가 발언을 하고 있을 때는 방해하지 않기 등의 규칙을 정해 놓고 있었다. 서로 집안이나 가족의 범죄에 대해서 상세하게 묻는 일 없이 평소의 고민을 말하고 나누는 것을 목표로 한다.

모임에 참가한 가해자 가족들은 "이 모임에 와서 모두 털어버리면 일시적이라도 마음이 안정된다."고 말한다. 대화한다고 곧바로 무언가가 해결되는 것은 아니지만, 고민을 공유할 곳이 있는 것은 좋은 일이라고 교코는 생각한다.

'나눔 모임'과는 별도로 개별 상담도 이루어진다. 앞으로는 재판에 함께 가고, 필요하다면 학교와 직장 등에서 이루어지는 상담에도 함께 참석하는 활동도 시작하려고 한다.

이제 막 활동을 시작한 '월드 오픈 하트'이기에 가해자 가족이 어떠한 현실에 직면하는지 정확하게 파악하는 것이 중요하다고 아베는 생각한다.

"가해자 가족의 인권이나 권리 주장을 하려는 것이 아닙니다. 내 눈 앞에 있는 가해자 가족이 처한 곤경을 함께 대처해나가고 싶을 뿐입니다."

일본의 가해자 가족 ② 출발점은 피해자 지원

시민단체 '월드 오픈 하트'를 설립한 아베 교코는 원래 대학원에서 범죄피해자에 대한 연구를 했다. 호기심 어린 사회의 시선과 매스컴에 의해 사생활을 폭로당하기도 하는 범죄 피해자를 어떻게 지원하면 좋을지를 연구하던 중 가해자 가족도 비슷한 경우에 처하고 자살까지 하는 경우가 있다는 것을 알게 되었다.

관심이 생겨 조사하면서 일본에는 가해자 가족을 지원하는 조직이 전무하다는 것을 알게 되었다. 해외로 눈을 돌리자 서구에는 가해자 가족 지원 조직이 있었다. 왜 일본에는 없는 것인가 하는 의문이 들었던 것이 시작이었다.

"피해자에 대한 지원을 소홀히 하자는 것이 아닙니다. 피해자 지원을 충분히 해나가야 한다는 것을 전제로, 그것과는 별개로 가해자 가족에 대해서도 지원해나가야 한다고 생각합니다."

가해자 가족과 관련된 조직이라고 하자 곧바로 피해자를 어떻게 생각하느냐는 비난이 쏟아졌다고 한다. 어디까지나 피해자 지원이 먼저고 그 후에 가해자 가족에 대한 지원이 있는 것임을 이해시키고 싶다고 교코 씨는 호소한다.

'월드 오픈 하트' 활동을 계속하는 교코 씨에게는 소중한 기억이 하나 있다.

학창 시절의 일이었다. 교코는 방과 후 외국인 자녀들과 함께 시간을 보내는 봉사활동에 참가했다. 재일 조선인, 중국인, 브라질인 등의 자녀와 잘 지냈는데 어느 날 일본인 자녀가 한 외국인 자녀를 가리키면서 이렇게 말했다.

"저놈 아빠는 사람을 죽였어."

그 말을 듣고 교코는 무섭다는 생각이 들었다. 봉사활동 조직의 리더인 남성에게 자신의 감정을 솔직하게 이야기했다.

"어째서 무섭다고 생각해요?"

질문을 받자 자신도 모르게 순간 이렇게 대답해버렸다고 말한다.

"음, 그 아이도 아버지와 똑같이 언젠가는 사람을 죽일지도 모르니까요."

때로 아이들의 생각은 어른 이상으로 숨김없이 잔혹하다. 하지만 교코의 말을 들은 리더는 얼굴색 하나 변하지 않았다. 그 후 나눈 이야기를 교코는 지금까지도 잊을 수가 없다고 말한다.

"어째서 그렇게 생각하나요. 교코는 어른이 되었을 때 교코의 아버지와 어머니와 똑같은 일을 하고, 똑같은 생활을 할 거라고 생각하나요?"

"……아니요, 그렇지는 않을 거예요."

"그렇다면 이 아이도 아버지와 같이 사람을 죽이게 될 거라고 말할 수는 없네요?"

교코는 마법이 풀린 것 같은 기분이 들었다고 한다. 이후 그

살인범의 자녀와 평상시처럼 지낼 수 있었다.

말 한 마디로 사람의 사고방식을 바꿀 수 있다는 것을 알게 된 아베는 그 경험을 지금 활용하고 있는 것이다.

일본의 가해자 가족 ③ 지원의 어려움

'월드 오픈 하트' 멤버이자 센다이 세이요가쿠인대학^{仙台靑葉學院} ^{短大}에서 정신간호학을 가르치고 있는 다카하시 사토미^{高橋聡美}는 가해자 가족에 관련되는 일의 어려움을 통감한다.

다카하시는 원래 정신과·심리치료내과^{心療內科}에서 간호사로 일했다. 그 후 스웨덴에서 자살예방책 등 멘탈 헬스·케어시스템에 대한 연구조사를 했다. 귀국 후 스웨덴에서 쌓은 경험을 바탕으로 부모의 자살로 남겨진 유아^{遺兒}에 대한 지원활동을 시작했다.

자살예방에 힘쓰던 다카하시는 교통사고나 범죄의 가해자 가족이 자살로 몰리는 경우가 있다는 것을 알게 된다. 그것이 계기가 되어 자살예방 활동의 일환으로 '월드 오픈 하트'에서 가해자 가족에 대한 지원 활동을 하게 되었다.

일반적으로 자살은 갚을 수 없는 채무 등 금전 문제나 질병 그리고 비난이나 왕따 등 사회로부터 고립된 마이너리티의 문제가 원인이라고 말한다. 가해자 가족 역시 이 같은 마이너리티의 문제로 인해 자살에 이르는 경우가 많다. 실제로 '월드 오픈 하트'의 상담 가운데에는 사건을 일으킨 자식과 함께 자신도 죽고 싶다고 고백하는 가해자 가족이 적지 않다. 다카하시는 가끔 자신의 자식이 범죄에 연루되어 피해자가 되는 상황을 상상해보는데, 그럴 때면 정말 복잡한 심경이 된다고 했다.

"눈앞에 가해자 가족이 있으면 그 사람의 문제를 함께 풀어가자고 생각한다. 그러나 만약 내 자식이 피해자가 된다면 가해자는 물론이고 가해자 가족도 증오하고 또 저주할 것 같습니다. 가해자 가족을 지원하는 일 따위는 생각조차 할 수 없을 거라고 생각합니다."

절망의 구렁텅이에 있는 피해자가 가해자 가족이 안정된 생활을 하는 것을 용서할 수 없는 것은 어쩌면 당연한 일일 것이다. 더군다나 사람 목숨에 관계되는 사건이라면 피해자 가족은 평생 아물 수 없는 상처를 갖게 되기 때문이다. 그런 마음의 갈등을 안고 활동을 계속해나가는 것에 대해 다카하시는 이렇게 말했다.

"그렇지만 나는 피해자도 가해자도 아닙니다. 제3자로서 사회에서 할 수 있는 것, 해야만 하는 것이 있다고 생각합니다."

활동을 시작했던 초기에는 '월드 오픈 하트'가 피해자 대 가해자라는 구도로 비쳐지는 것은 아닐까 걱정했다고 한다. 가해자 가족을 지원하면 피해자를 소홀하게 대하게 된다는 비판이 쇄도하는 것은 아닐까 무서웠다. 다카하시는 피해자 지원은 재론의 여지가 없이 중요한 일이지만 가해자 가족에 대한 지원은, 그것과는 별개의 문제라고 말한다.

그럼에도 불구하고 피해자 가족의 지원과 가해자 가족의 지원에 어떤 공통점이 있는 것은 아닐까? 다카하시는 이렇게 말한다.

"어느 쪽이나 하나의 사건으로부터 더 이상 희생자가 나오지 않게 해야 한다는 점에서는 같다고 생각합니다. 눈앞에 곤경에 처한 사람이 있다면 손을 내밀어야 합니다."

갱생론과 복지론

가해자 가족을 어떻게 대하면 좋을까. 취재를 통해 알게 된 관계자들에게 쉬 대답하기 힘든 이 질문을 던져보았다.

돌아온 답변은 간단히 파악하기 어려울 정도로 다양했다. 가해자와 그 가족의 입장을 고려하여 대답한 사람, 피해자의 생각을 중시하는 사람 등 각자 처한 입장에 따라 다른 대답을 했다. 그래도 커다랗게 볼 때 답변은 대개 다음 세 가지로 나눌 수 있었다.

① 가해자 가족에게도 가해자에 준하는 책임이 있고, 따라서 사회적 제재는 당연하다. 피해자의 감정을 생각한다면 개별 케

이스에 따라 다르다고는 해도 기본적으로 도와줄 필요는 없다.

② 가해자 가족을 지원하는 것은 가해자가 출소했을 때 사회에 적응할 수 있는 기반을 만들어주는 것이며, 재범방지로 연결되어 결과적으로 사회에 이익이 되기 때문에 이들을 지원하는 시스템이 필요하다.

③ 눈앞에 어려움에 처한 사람이 있다면 손을 내밀어야 하는 것이 사회복지가 아닐까. 세이프티 네트워크(안전망)의 붕괴가 외쳐지고 있는 지금이 바로 그것을 재고할 때이다.

가해자 가족을 되돌아볼 필요가 없다고 하는 ①의 입장인 사람이 많을지도 모른다. ②와 ③은 완전히 다른 의견은 아니지만 ②는 '재범방지=갱생'이란 입장이며, ③의 사회복지 차원의 입장과는 관점이 다르다. 어떤 시각에 서 있는가에 따라 지향하는 사회의 모습은 다를 것이다.

②의 갱생론의 입장인 사람은 가해자 가족과 간접적으로 접하고 있는 사람들로 이론이 선행하는 사고방식을 지니고 있다고 개인적으로 생각한다.

③의 복지론의 입장을 취하는 사람들은 실제로 가해자 가족과 직접 접촉하는 사람들로 이론보다도 실천이 우선이라고 생각하는 듯하다.

어느 쪽이 좋고 나쁘다는 이야기가 아니다. 자신이 처한 입장에 따라 각각 접근하는 방법이 다른 것은 당연한 일이다.

①의 입장의 사람이 ②와 ③의 입장의 사람을 비난하고, ②와 ③의 입장인 사람이 ①의 입장의 사람을 비난하기는 쉽다.

그러나 우리 사회는 다양한 의견을 존중하는 민주주의 사회이다. 다양한 의견이 충돌하는 것이야말로 건전한 사회가 운영되는 모습이다.

가해자 가족을 어떻게 대할 것인가는 평범한 사람들과는 관계가 먼 물음인지도 모른다. 그러나 범죄가 완전히 없어지는 것 또한 불가능한 일이다. 따라서 누구든 범죄에 연루되어 피해자가 될 수도 있고, 가해자는 아니더라도 가해자 가족이 될 가능성이 있다는 것을 납득해야 할 것이다.

범죄와 사회적 유대이론

'사회통제이론' 또는 '사회적통제론'이라 부르는 사회학 이론은 가해자 가족을 궁지로 몰아넣는 사회의 모습을 이해하는 하나의 실마리가 될 수 있다. 이 이론은 기본적으로 '본래 인간은 상황이 조성되면 누구든 나쁜 짓을 하고 범죄를 저지를 수 있으므로, 반대로 많은 사람들이 범죄를 저지르지 않는 이유를 연구·이해하는 것이 중요하다'라고 생각한다.

그 가운데서도 범죄사회학자인 트래비스 허시$^{\text{Travis Hirschi}}$ 교수의 '사회적 유대이론Social Bonding Theory'이 유명하다. 1960년대에 발표한 명저 《비행의 원인A General Theory of Crime》에서 허시 교수는 아이들이 비행을 저지르는 원인을 가정과 사회의 연결고리에서 찾고 있다. 인간은 사회와 유대기 있으면 범죄를 생각하더라도 직접 행동으로 옮기지는 않지만, 사회와 유대가 약하면 범죄가 일어난다고 주장한다.

허시가 사회적 유대로 꼽은 것은 다음 네 가지이다.

① 애착 …… 가족과 직장 등 주변 사람들과의 관계
② 관여 …… 사회의 일에 얼마나 열심이며 비중을 두고 있는가
③ 참여 …… 인습적인 활동에 얼마나 시간을 할애하는가
④ 신념 …… 사회의 가치를 얼마나 받아들이는가

이러한 유대를 모든 개인이 의식하면 범죄는 일어나기 어렵다. 물건을 훔치면 가족에게 폐가 되거나 일자리를 잃게 된다고 생각하면 쉽게 범죄에 빠져들지 않는 법이다. 하지만 자신에게는 폐를 끼칠 가족이 없다는 자포자기의 상황이 되면 범죄를 저지르기는 그만큼 쉽다고 한다. 물론 이것은 사회학 이론으로서 모든 사람에게 해당되는 것은 아니지만, 범죄와 유대에 대해 이해하는 데 큰 도움이 된다.

그러나 범죄를 억제하게 만드는 유대라는 개념은 역으로 범죄가 일어나면 '왜 범죄를 유발한 요인을 만들었나'라고 가해자

가족을 비난하는 것으로 이어지기도 한다.
'유대'는 범죄 영역에서 양날의 검으로 존재하는 것이다.

피해자 지원으로 본 가해자 가족

2004년 12월 8일 피해자 지원에서 커다란 전환점이 된 '범죄피해자등기본법犯罪被害者等基本法'이 시행되었다. 사회의 호기심 어린 시선을 감내했던 범죄 피해자들이 오랜 시간에 걸쳐 요구한 끝에 획득한 성과였다.

'범죄피해자등기본법'의 전문에는 이렇게 쓰여 있다.

"……이제까지 범죄피해자의 대부분은 그 권리가 존중받았다고 말하기 힘들며, 충분한 지원을 받지도 못해 사회에서 고립될 수밖에 없었다. 그뿐만 아니라 범죄로 인한 직접적인 피해에 그치지 않고 2차적 피해로 더 큰 괴로움을 당하는 일도 적지 않았다."

범죄 피해자와 그 가족이 자신들의 인권을 지키고 싶다는 운동이 확산되기 시작한 1990년대는 지금의 모습과는 완전히 달랐다. 당사자인 피해자는 물론 피해자를 지원하는 사람들조차 자신이 범죄 피해자와 관계가 있다는 사실을 숨겼으며, 텔레비전과 신문의 취재에도 익명을 조건으로 응했다고 한다.

자신의 잘못도 없이 어느 날 돌연 범죄에 연루된 범죄 피해자조차 지역과 사회, 매스컴의 호기심과 편견을 지닌 시선이 두려워 사람들 눈에 띄지 않게 행동했다.

2000년 1월 23일, '범죄 피해자는 호소한다'는 심포지엄이 처음 개최되었다. 전국 각지에서 모여든 범죄 피해자들은 자신들이 처한 괴로운 상황을 호소했다. 범죄 피해자의 목소리가 사회에 처음 모습을 드러낸 순간이었다.

'범죄피해자등기본법'은 이렇게 호소한다.

"……범죄를 억지하고, 안심하고 안전하게 살아갈 수 있는 사회의 구현을 도모하는 책무를 지닌 우리들은 범죄 피해자의 목소리에 귀를 기울여야 한다. 어떤 국민이라도 범죄 피해자가 될 가능성이 높은 지금이야말로 범죄 피해자의 입장에 선 정책을 강구하고, 그 권리이익의 보호를 논의할 수 있는 사회를 만들어가기 위해 새로운 발걸음을 내딛어야 한다."

범죄 피해자조차 권리를 획득하기까지 긴 시간이 걸렸다. 하물며 가해자 가족에 대한 지원체제를 만들기 위해서는 몇 배의 시간이 더 걸린다는 것은 당연한 일이다.

가해자 가족에 대한 취재 마지막에 범죄학 권위자로 인정받는 연구자의 이야기를 들을 기회를 얻었다. 범죄 피해자뿐만 아니라 가해자와 가해자 가족이 처한 어려운 상황을 잘 알고 있는 이 연구자는 다음과 같이 말했다.

"범죄 피해자를 지원하는 사람들이 있고, 가해자 가족을 지원하는 사람들도 있습니다. 그 양쪽 모두가 존재하는 것이 성숙하고 건전한 사회의 모습이라고 생각합니다. 가해자 가족을 지원하는 것은 괘씸하다고 말하는 순간 모든 것이 끝나고 맙니다. 예전에는 범죄피해자를 지원하는 사람들도 이름과 얼굴을 감추고 활동했습니다. 그러던 것이 10년 걸려 조금씩 상황이 변한 것처럼 시간이 걸리더라도 가해자 가족을 지원하는 사람들이 편안하게 활동할 수 있는 환경을 만드는 것이 중요한 것은 아닐까요."

맺는말

작가 히가시노 게이고의 베스트셀러 《편지》는 강도살인죄를 지은 형으로 인해 괴로운 시간을 보내는 동생의 이야기다.

형의 범죄사건으로 인해 동생은 직장을 그만두었을 뿐만 아니라 연인과도 헤어진 채 사회에서 고립된다. 어떻게든 다른 직장을 찾아보려 하지만 가해자 가족이란 낙인으로 인해 차별과 냉대만 받고 끝내 자포자기하고 만다. 그때 회사 사장이 동생 앞에 나타나 다음과 같이 말한다.

"자네의 형은 남은 가족이 어떤 고초를 겪을지 생각하지 않았네. 자네가 지금 겪고 있는 고통까지도 모두 형이 저지른 죄에 대한 형벌이란 말일세. 형을 증오하든지 말든지 자네 자유이지만, 자신을 증오해서는 안 되네."

가해자 가족이 겪는 비극은 모두 가해자가 일으킨 범죄가 원인이다. 자신이 저지른 사건으로 인해 가족이 고통에 빠지게 된다는 것을 미처 생각하지 못한 가해자에게 잘못이 있는 것이다. 역으로 말한다면, 사건 이후에 자신의 가족이 겪게 될 갖가지 괴로움을 조금이라도 상상해볼 수 있다면 그 순간 죄를 저지르지 않고 멈출 수 있을지도 모른다. 이 책은 그러한 관점에서 우리 모두에게 조금이라도 도움이 되고 싶은 마음에서 출발했다.

가해자 가족을 책의 주제로 채택하자 '피해자를 무시하는 것이냐'는 비난도 많이 있었다. 실제로 피해자와 그 유족에 대한 지원이 아직 충분하지 않다는 것을 잘 알기에 가해자 가족에 대해 논의하는 것은 아직 이르다는 비판의 목소리는 당연한 것일지도 모른다.

그러나 이 책은 가해자 가족의 '인권'을 소리 높여 주장하려는 것은 아니다. 다만, 그들이 어떠한 상황에 놓여 있는지를 파악하는 것 역시 우리 사회를 위해 의미 있는 일이 될 수 있다고 생각했을 뿐이다.

이 책은 2010년 4월 초 NHK에서 방송한 《클로즈업 현대ᄏᆞᆯ로ᄌᆞ 아프 현대》〈범죄 '가해자 가족'들의 고백〉의 취재를 토대로 방송에서는 미처 소개하지 못했던 정보 등을 다수 추가해 집필한 것이다.

　방송의 취재·제작에 도움을 준 모든 분들에게 감사드린다. 또한 이 책의 내용에 대해 많은 조언을 해준 출판사 편집부에게도 감사의 말을 전하고 싶다.

　제2장 이후에는 가해자 가족이 출판한 수기와 선배 저널리스트들이 취재한 르포를 참고하여 많은 부분 인용했다. 이러한 선행 문헌이 없었다면 직접 취재할 수 없었던 사건들에 대해 고찰하지 못 했을 것이다.

　이번 취재를 통하여 언론기관에 몸을 담고 있는 사람으로서 매스컴이 담당한 역할과 영향력의 지대함을 엄숙하게 통감했다. 집필 작업은 쉽지 않았지만 자신의 일을 다시 한 번 되돌아보는 좋은 기회였기에 도움을 준 모든 분들에게 깊은 감사의 마음을 전한다.

❖ 참고문헌 ❖

사카모토 테이지坂本丁次, 《단독회견기, 바늘방석에 앉은 부친單獨會見記 針のムシロに坐る父親》, 月刊 文藝春秋, 1989

사키 류조佐木隆三, 《미야자키 쯔토무 재판宮崎勤裁判 上下》, 朝日新聞社

《'소년 A', 이 아들을 낳은······'少年A' この子を生んで······》, 文藝春秋, 2001

《우리 애가 왜?-나고야 5천만 엔 공갈사건息子が, なぜ-名古屋伍千万円恐喝事件》, 文藝春秋, 2001

《가해자 가족과 피해자 가족加害者の家族と被害者の家族》, みんなの圖書館, 2004

아오키 유미코青木由美子 편, 《옴 신자로 살며- 전前 신자들의 지하철 사린 사건으로부터 15년オウムを生きて-元信子たちの地下鐵サリン事件から15年》 サイゾ, 2010

고노 유시이끼河野義行, 《'의혹'은 풀렸지만-마쓰모토 사린사건의 범인이 된 나 '疑惑'は晴れようとも-松本サリン事件の犯人とされた私》 文藝春秋, 2001

야스다 요시히로安田好弘, 《'산다'는 권리'生きる'という權利, 麻原彰晃主任弁護人の手記》, 講談社, 2005

사토 나오키佐藤直樹, 《세상의 눈世間の目》, 光文社, 2004

《생명의 소중함을 취재하며-고베 연쇄아동살상사건命の重さ取材して-神戶·兒童連續殺傷事件》, 産經新聞大阪本社編集局, 1997

헨미 요邊見庸, 《사랑과 고통-사형을 둘러싼愛と痛み 死刑をめぐって》, 毎日新聞社, 2008

이시이 사요코石井小夜子, 《청소년범죄와 마주하다少年犯罪と向きあう》, 岩波新書, 2001

히가키타 타카日垣隆, 《소년 린치살인-짜증나서 했을 뿐少年殺人-ムカついたから, やっただけ》, 新潮文庫, 2010

쿠로키 아키오黒木昭雄, 《도치기 린치살인사건-경찰은 왜 움직이지 않았는가木リンチ殺人事件 警察はなぜ動かなかったのか》, 草思社, 2001

토니 파커, 《살인자들의 오후殺人者たちの吾後》, 사와키 코우타랑木耕太郎 역, 飛鳥新社, 2009

에가와 쇼코江川紹子, 《나바리 마을 독 포도주 살인사건 6명의 희생자名張 毒ブドウ酒 殺人事件 六人目の犠牲者》, 新風舍文庫, 2011

사단법인 중앙조사사中央調査社, 《청소년 비행의 실태에 관한 조사少年非行の實態解明に關する調査》, 2002년 4월

마츠모토 이쯔야松本逸也, 《일극집중보도-과열된 매스컴을 검증한다極集中報道-過熱するマスコミを檢證する》, 現代人文社, 2006

스가야 토시카즈菅家利和, 《누명, 어느 날 나는 범인이 되었다冤罪, ある日'私は犯人にされた》, 朝日新聞出版, 2009

트래비스 허시Travis Hirschi, 《비행의 원인A General Theory of Crime》, Stanford University Press, 1990.

히가시노 게이고東野圭吾, 《편지手紙》, 文藝春秋

《갱생보호시설의 SST 매뉴얼更生保護施設におけるSSTマニュアル》, 日本更生保護協會

《누명 파일冤罪ファイル》 (잡지 연 3회 발행)

옮긴이의 말

 범죄는 없어져야 하겠으나 인간이 모든 질병으로부터 자유로울 수 없듯이 어느 사회든 범죄를 완벽하게 없앤다는 것은 그만큼 어려운 일이지 않을까 싶다. 아니 불가능한 일인지도 모른다. 따라서 우리는 원치 않음에도, 그리고 인정하고 싶지 않음에도 불구하고 날마다 범죄 발생 소식을 접하고 있으며 사건의 가해자, 피해자는 물론 그들의 가족과도 이 사회에서 함께 살아간다. 예기치 않은 범죄와 사고로 인해 가족과 재산, 신체와 건강 나아가 삶을 송두리째 잃는 경우가 비일비재한 곳이 바로 우리가 살아가고 있는 이 사회의 있는 그대로의 모습인 것이다.
 이런 현실 속에서 '피해자 가족'은 익숙하지만 '가해자 가족'이라는 말은 어딘지 한참 낯설다. 어떤 사건이 벌어졌을 경우 가해자의 흉포함이나 뻔뻔함, 태연함 그리고 피해자 가족의 낭연자실 가슴 아픈 사연에 주목하면서 사회적 비난과 공분이

빗발칠 때 죄인 아닌 죄인 취급 받는 가해자 가족에게는 그 누구도 동정심이나 이해의 눈길을 선뜻 주지 않기 때문이다.

가족 중에서 누군가가 범죄를 일으켰을 때 나머지 가족들은 하루아침에 그 범행을 저지른 가해자와 기의 동급으로 취급받는 게 보편적인 현실이다. 우리 헌법은 제13조 3항에서 "모든 국민은 자기의 행위가 아닌 친족의 행위로 인하여 불이익한 처우를 받지 아니한다."는 규정을 두고 연좌제를 금지하고 있지만 현실의 풍경은 어딘지 이 법조문과는 한참 동떨어져 있는 듯한 모습이다. 그만큼 피해자와 그 가족의 아픔이 크기 때문이겠지만 가해자(범인)에 대한 제재(처벌)와 별개로 가해자 가족에 대한 분노의 표출이나 사회적 적대감이 과연 범죄 예방과 사회의 안녕에 도움이 되는지에 대해서는 이제 진지하게 돌아보아야 할 때가 아닌가 싶다. 물론 이러한 시도의 대전제는 피해자와 피해자 가족에 대한 전폭적이고 심도 있는 제도 차원의 지원이 선행되어야 한다는 점일 것이다. 그러나 이는 가능한 한 동시적으로 이루어져야 한다는 것이 전문가들의 의견이다.

우리 사회의 범죄 발생 건수를 보면 살인, 강도, 폭력 등 강력사건이 2013년 기준으로 연간 215,614건이다. 하루 평균 약 590건의 강력 범죄가 날마다 발생하고 있는 것이다. 이는 교통사고나 경제사범 같은 경우를 제외한 수치이다. 이 숫자만큼 우리 곁에 피해자 가족과 가해자 가족이 생기고 있다는 이야기이다. 피해자의 피해복구와 치유 등 피해자 지원이 최우선 되어야 하겠으나, 가족 중 누군가의 범죄로 인해 하루아침에 나락으로 떨어져 또다시 범죄의 유혹에 끌려들어가는 가해자의 아이들을 방치한다든가 아니면 가족들이 세상의 손가락을 견디다 못해 스스로 삶을 포기하게끔 만드는 악순환도 더 이상 보고만 있어서는 안 되겠다는 생각이다.

범죄나 비리를 저지른 누군가를 비난하고 손가락질 하기는 쉽다. 그러나 그런 일들이 다시 재발하지 않도록 사회 구조를 개선하고 절망에 빠진 이들에게 손을 내미는 일, 쉽지 않아도 우리 모두의 책무가 아닐까 하는 생각이다.

이 책의 번역을 마무리할 무렵 경남 진주에서 청소년들이 또래 여고생을 집단으로 폭행해 숨지게 하는 일이 발생했다. 진도 앞바다 맹골수로에서는 대형 여객선이 침몰해 꽃다운 학생들 200여 명을 포함해 수백 명의 사람들이 목숨을 잃었다. 모든 범죄 및 사고의 가해자들과 책임자들에게 응분의 책임을 묻는 일은 당연한 일이겠으나, 그들의 가족이 공범이 아닌 이상 그렇잖아도 황망한 가족들을 벼랑 끝으로 내모는 비난과 조롱 나아가 협박까지 하는 '마녀사냥' 또한 없어졌으면 하는 바람이다.

꽃이 피어야 할 시절에 무참하게 꽃이 지는 참혹한 '세월'이다. 꽃 같은 넋들의 명복을 빈다.

2014년 봄 한진여

가해자 가족
한국어판 ⓒ 섬앤섬 출판사, 2014

지은이 스즈키 노부모토
옮긴이 한진여
발행인 김현주 **편집장** 한예솔 **디자인** 노병권 **마케팅** 한희덕

등록 2008년 12월 1일 제 396-2008-000090호
주소 (410-909) 경기도 고양시 일산동구 호수로 340-38. 1016호(비잔티움 1단지)
주문 및 문의 전화 070-7763-7200 **팩스** 031-907-9420

2014년 5월 29일 펴낸 책(초판 1쇄)

이 책은 저작권법에 따라 보호받는 저작물이므로 무단 전재와 복제를 금하며, 이 책 내용의 전부 또는 일부를 이용하려면 반드시 저작권자와 섬앤섬 출판사의 서면 동의를 받아야 합니다.

ISBN 978-89-97454-11-2 03330

* 값은 뒤표지에 있습니다. 잘못 만든 책은 교환해드립니다.

이 도서의 국립중앙도서관 출판시도서목록(CIP)은 서지정보유통지원시스템 홈페이지(http://seoji.nl.go.kr)와 국가자료공동목록시스템(http://www.nl.go.kr/kolisnet)에서 이용하실 수 있습니다(CIP제어번호: CIP2014014749).